Deirdre Brennan

CUISLÍ ALLTA ¦ WILD PULSES
Rogha Dánta ¦ *Selected Poems*

ARLEN
HOUSE

Cuislí Allta ¦ *Wild Pulses*

Foilsithe in 2017 ag
ARLEN HOUSE
42 Grange Abbey Road
Baldoyle, Dublin 13, Ireland
Fón/Facs: 00 353 86 8207617
Ríomhphost: arlenhouse@gmail.com
arlenhouse.blogspot.com

Dáileoirí idirnáisiúnta
SYRACUSE UNIVERSITY PRESS
621 Skytop Road, Suite 110
Syracuse, NY 13244–5290
Fón: 315–443–5534/Facs: 315–443–5545
Ríomhphost: supress@syr.edu
www.syracuseuniversitypress.syr.edu

ISBN 978–1–85132–157–5, bog
ISBN 978–1–85132–167–4, crua

Ealaín ¦ Holly Melia
'Vahine Mou' Aputa'
reproduced with the kind permission of the artist
www.hollymelia.com

Tá Arlen House buíoch de
Chlár na Leabhar Gaeilge
agus d'Fhoras na Gaeilge

Foras na Gaeilge

CLÁR ¦ CONTENTS

BIRTH AND WOMEN'S AFFAIRS

BREITH AGUS CÚRSAÍ NA MBAN

THE HALE-BOPP COMET

Today we let in the Easter sun,
watery, cool and yellow;
fragrance of blackthorn and whitethorn,
bleat of newborn lambs,
the lapping sea at the slope's end.
A stray wagtail, like a blessing
flies in fluttering
over the meal on the table.
What a good omen for us!
What a sign of happiness and good luck!
In your first spring, you have it made!
And last night the brilliant comet
that we will not see again in our lifetime
trailing its glittering tail ribbons
over the ramshackle barn.

CÓIMÉAD HALE-BOPP
Aibreán 1997

Inniu ligimid isteach grian na Cásca
uiscealach, fionnuar, buí;
cumhracht an draighin is na sceiche gile,
méileach uan nuabheirthe,
laparnach na mara ag bun na fána,
glasóg ar strae, ag cleitearnach
os cionn béile ar bhord.
Maith an scéal dúinn é!
Maith an tuar sonais is áidh!
Id chéad earrach, do chóta bán déanta!
Agus aréir, an cóiméad lonrach
nach bhfeicfimid arís inár saol
ribíní sraoilleacha a eireabaill go drithleach
os cionn riclín iothlainne.

MERMAIDS

They gave them the love of their hearts,
renouncing their immortal souls
for the love of fishermen,
the love of sea captains,
the love of princes
they rescued from drowning.

But they grew worn out
from gutting herrings,
exhausted by the wait
for sailors who were never true to them
grief inflicted on them by princes
with nothing on their minds
but results of the stockmarket.

Lying down on the sand of the sea
by the water's edge
knees trussed to their chins
tongues of the tide licked
their eyes, their ears, their breasts,
until they melted to white foam
and their children asleep in their beds.

Maighdeana Mara

Thug siad ansacht a gcléibh dóibh,
ag cur na ndromanna dubha
lena n-anamacha síoraí
ar ghrá iascairí,
ar ghrá captaen mara,
ar ghrá prionsaí
a tharrtháil siad ó bhá.

Ach d'éirigh siad caite
ó bheith ag glanadh scadán,
traochta leis an bhfeitheamh
ar mhairnéalaigh nach raibh dílis dóibh
ceas ortu le prionsaí
nach raibh tada á thaibhreamh dóibh
ach torthaí an stocmhargaidh.

Ina luí dóibh ar ghaineamh na trá
i gcolbha an uisce
glúine trusáilte go smig acu,
lírigh teangacha taoide
a súile, a gcluasa, a gcíocha,
gur leádh go cúr bán iad
is a leanaí ina leapacha ina gcodladh.

MULIER-MULIERIS

I am ages swimming
in forgotten seas,
in womb soft waters,
a thousand tides crushing
my birthshell
to smithereens
on the boundaries of memory.

Though my belly is full,
the mud beneath me
teeming with life,
I am utterly weary
of swimming.
I feel bells ring
on my toes,
slippers with glass heels
slide over marble
to a rose garden.

I should rise up
from this soup
like a great dragonfly
my wings outstretched
in the brilliance of flight,
instead of this creature
that breaks the water surface
without a face or features,
who only leaves behind her
an exaggerated vulva
in a clay statuette.

Once or twice as a queen
celebrated in story,
I wore linen and gold
but mornings I would wake

MULIER-MULIERIS

Is fada ag snámh mé
i bhfarraigí dearmadta,
in uiscí broinne boga,
míle taoide ag brú
shliogán mo bheireatais
ina mhionacha
ar imeall mo chuimhne.

Cé go bhfuil mo bholg lán,
an lathach fúm torrach le beatha,
tá mo sháith agam den snámh.
Mothaím cloigíní
ar ladhracha coise
slipéir le sála gloine
ag sleamhnú thar mharmar
go gairdín rós.

Ba chóir go n-éireoinn
ón anraith seo
ar chuma snáthaide móire,
mo sciatháin leata
i loinnir eitilte,
in ionad an chréatúir seo
a bhriseann craiceann uisce
gan aghaidh gan cheannaithe
nach bhfágann ina diaidh
ach pit áibhéalach
i ndeilbhín cré.

Uair nó dhó im bhanríon
lonnaithe i scéalta,
chaith mé línéadach is ór
ach dhúisínn maidineacha
'measc aibhleoga dóite
is cúraimí tí,

amongst burnt out cinders
and kitchen chores,
the music drowned in me,
the poetry choked.

Now the churns are quiet,
the tweed I wove,
fallen apart,
the children that swelled in me gone.
In recent years
I close the garden gate
and take to the road
pack on back
in search of magic beans
and giants to kill.

an ceol báite ionam
an fhilíocht tachta.

Tá na cuinneoga ciúin anois,
an bréidín a d'fhigh mé
tite ó chéile,
na páistí a d'at ionam imithe.
ar na blianta déanacha
dúnaim geata an ghairdín,
ag cur chun bóthair,
paca ar mo dhroim
ar thóir pónairí draíochta
is fathach le marú.

STILLBORN

All during spring, anxious
lest I lose a second of your life,
I swelled with bulb and bud,
the dizzy sap rising in me,
your pulses echoing
in every hollow and harbour of my body
I could hardly wait for you to lie in my arms.

I was astonished at how earthed you were,
how linked and bound to everything
your face reflected in every pothole,
hair woven through white braids of clouds,
your eyes gazing at me
from the hearts of daisies,
the flame of your life like a fire
in the ribs of stone and leaf.

Had I been humming quietly,
crooning you lullabies
instead of singing lustily
at the top of my voice,
I would have noticed your retreat from me,
your fluttering like a robin
against the bars of a cage.
Too late I heard your death-wail in my guts
echoing in the pulpy marrow of my bones.

They told me to take a photograph of you.
told me to look at you
when I didn't want to look; to speak to you
when the talk would have been one-sided.
They told me to dress you in a white babygrow
when I had only ever planned to dress you
in purple or the saffron of the crocus.

MARBHGHIN

An t-earrach ar fad, tine ar chraiceann
d'eagla go gcaillfinn soicind ded bheocht,
Bhorraigh mé maille le bleibín is bachlóg
an sú ar mearbhall ag ardú ionam,
do chuislí ag baint macalla
as gach cuas is cuan dem cholainn.
Ba é mo dhícheall é feitheamh
go luífeá im bhaclainn.

B'ionadh liom chomh talmhaithe
is a bhí tú, do nasc is ceangal
san uile ní; d'aghaidh ag líonadh
gach linntreoige bóthair dom, do ghruaig
fite ina sréamlóga geala de néalta,
do shúile ag stánadh orm ó chroíthe nóiníní,
teoide do bheithe mar thine
i bhféitheach chuile chloch is duilleog.

Dá mbeinn ag duanaireacht go ciúin,
ag gabháil suantraí duit
in ionad bheith ag canadh amhráin spraíúil
in ard mo chinn is mo ghutha,
d'aireoinn do chúlú uaim, do chleitearnach
ar nós spideoigín i gcoinne barraí
cliabháin éin. Ródhéanach dom chuala mé
olagón do bháis im phutóga ag síneadh
go smior is go smúsach mo chnámh.

Dúirt siad liom grianghraf a thógaint díot.
Dúirt siad liom féachaint ort nuair nach raibh
fonn orm féachaint; labhairt leat
nuair ná beadh ann ach comhrá aontaobhach.
Dúirt siad liom tú a ghléasadh i *mbabygrow* bán
nuair nach raibh sé im intinn riamh

These days it is the invisible things
that attract me,
the wren's nest dark in the yew tree,
the map of roots clamping stone
and soil under the lawn,
the treacherous rip-tides of my body
that snatched you away when I was offguard.

ach go ngléasfainn thú i gcorcra
nó i gcróc an chrócais.

Na rudaí nach féidir a fheiceáil
a mheallann mé na laethanta seo,
nead an dreoilín i ndúdhorchadas iúir,
léarscáil na bpréamhacha a chlampann
cloch is cré faoin mbáinseach,
tarraingt aibhneacha faoi thalamh,
feall taoidí súite mo choirp féin
a rug leo thú nuair ná rabhas ar m'airdeall.

PREGNANCY

You didn't seek lodging for one or two nights
but a far longer stopover in me
coming so suddenly
you had me cornered
taking possession of my life.
I found it strange to share my body
even with my own child.

You knew what was yours,
the dark waters where you moved
like salmon fry in its streampool;
that yours by right was the womb
in which you quickened and grew.
You opened like a white water lily inside me
and your presence dazzled me.

I stood in Stephen's Green with you
one day before your birth
racemes of laburnum flowers
spilling a golden shower
that folded us in its silken hold
swathed against the world
and I couldn't grasp this transport.

You born, my feelings
swung from high to low
the way tides come and go.
I never got over the wonder of you.

TOIRCHEAS

Ní aíocht oíche nó dhó a lorgaís,
is faide ar fad a lonnaís ionam.
Tháinaís aniar aduaidh orm
go rabhas teanntaithe agat.
Ghabhais seilbh ar mo shaol,
aduain liom mo chorp a roinnt
go fiú lem leanbh féin.

Bhí a fhios agat go mba leatsa
na huiscí dorcha inar bhogais
mar ghilidín i sruthlinn,
go mba leatsa ó cheart an gabhdán
inar tháinig bíogadh is borradh ort.
D'osclaís mar bhacán bán ionam
is dhallraigh do láitheacht mé.

Sheasas i bhFaiche Stiofáin leat
lá amháin roimh do bhreith,
crobh-bhláthra crann labarnaim
ag casadh rilleadh órga anuas orainn
go rabhamar fillte i bhfillteán síoda,
cuachta suas in aghaidh an tsaoil
is níor thuigeas an lúb istigh agam ionat.

Tú saolta, luasc mo mhothúcháin
go luaineach ó ard go híseal
mar thaoide ag líonadh is ag caolú.
Níor chuireas iontas do bheithe díom riamh.

UNTITLED

I imagine you these days
nesting in my darkness
like a pearl in an oyster shell
or the yellow nub in the heart
of a daisy.

At night in bed
feeling my belly,
I explore every inch of it
probing your pulsing.

You know when you come
screaming from my womb
that there is no secret place
where I can hide you

and I'll have to get back
without delay to other cares –
the class-room, schoolwork,
the swot for the exams.

I will have no lullaby or hushabye
to coax you to sleep
it is in the cold arms of the sea
you'll find comfort.

I will watch from the cliff-top
to where you lie on the edge of the tide,
quietened, soothed, swaddled in seaweed,
and no one will know you are mine.

GAN TEIDEAL

Samhlaím thú na laethe seo
neadaithe im dhorchadas
mar phéarla i sliogán oisre
nó an meall buí i gcroí nóinín.

Oícheanta im leaba dhom
ag láimhseáil mo bhoilg,
saibhseálaim chuile orlach de,
féachaint an aireoinn do bhíog.

Tá a fhios agat nuair a thagann tú
ag screadaíl óm bhroinn
nach bhfuil diamhra ar bith
ina dtig liom tú a cheilt

is go gcaithfidh mé filleadh
gan mhoill ar chúraimí eile –
seomra ranga, ceachtanna scoile,
dianléamh na scrúduithe.

Ní bheidh seoithín ná laoi shuain uaim
dod mhealladh chun codlata;
i bhfuarbhaclainn na farraige
a chuirfear amhrán cealgtha ort.

Fairfidh mé anuas ort ó bharr na haille
is tú sa snáth mara thíos
suaimhnithe, ciúnaithe, clúdaithe i bhfeamainn,
is ní bheidh a fhios ag Críostaí beo gur liom féin thú.

LIADAN

And Liadan, my love,
do you remember a night
before you were born
when you sneaked out of the womb
unknown to your mother
and came to me, a soft young thing,
shining and female
to cuddle in my breast?

Do you remember
how we breathed
on the bones of winter?
How we danced,
your head thrown back
in wonder at the sky?
And how I gave you the moon
to cut your teeth on?

Today with the waters of baptism
damp on your forehead,
I keep a sharp eye out
scrutinising the guests
face after face
searching for the wicked fairy.
Over my cold dead body
will she put you under a spell.

May you weave without worry or fear
of spindle pricks
or those who would clip your wings.
May you dance as you please
in your apple-red shoes
and to the Day of Judgement
may you never give up
chewing on the moon.

LÍADAN

'S a Líadain, a chroí
an cuimhin leat oíche
sular saolaíodh thú
mar a shlíocais ón mbroinn
i ngan fhios dod mháthair
is thánaís id luspairt linbh
lonrach is baineann,
chun muirniú i m'ucht?

An cuimhin leat
mar a ligeamar anáil
ar chnámha an gheimhridh,
mar a dhamhsaíomar,
do cheann caite siar agat
ag déanamh iontais den spéir,
is mar a bhronnas an ghealach ort
go ngearrfá d'fhiacla air?

Inniu le huiscí do bhaiste
tais ar d'éadan
tá mo shúile amuigh agam
ag iniúchadh na n-aíonna,
gnúis i ndiaidh gnúise,
ag síorthóraíocht
na sióige mallaithe.
Is os cionn mo choirp fhuair mhairbh
a chuirfidh sí faoi gheasa thú.

Go sníomhair gan uamhan gan eagla
roimh ghoineoga fearsaide
is slíomadóirí an tsaoil,
go ndamhsaír mar is mian leat
id bhróga úlldearga
is go brách na breithe
ná cuirir suas riamh
de bheith ag múngailt na gealaí.

SKELLIG MICHAEL

We clamber up the cliff,
scale a path overhanging the sea
where long-ago pilgrims came
to do penance, unlike us,
a boatful of carefree tourists
put to sea from Valencia.

At times, wind-buffeted
on all fours, we cling
like rock-plants to the crag,
terrified to look down
at the sea-swell,
the blizzard of gulls
wheeling against the cliff-face.

We marvel at the quiet on the summit,
the oratory on the cliff-edge,
the six bee-hive huts
where the monks lived,
the two holy wells,
the storm in soul and body
that drove men to this solitude.

One by one, the women
establish territorial rights,
toss out their hair in the wind –
so many occasions of sin, so many
lusts of the flesh, banished for centuries
returned now to nest amongst the stones,
land like windhovers and stormy petrels
returning to their holes.

SCEILG MHICHÍL

Cuirimid an aill dínn in airde
ag céimniú chosán crochta na carraige
ar nós lucht oilithrigh anallód
a thagadh ag déanamh aithrí
murab ionann agus muidne – lán báid
de thurasóirí meidhreacha
ag seoladh na dtonn ó Dhairbhre.

Amanta ar ár gceithre mboinn,
'nós plandaí ag breith greim barróige
ar chreag faoi shéideán gaoithe,
is baol dúinn breathnú
ar bhorradh na farraige fúinn,
ar stoirmshneachta na bhfaoileán
ina roithleán ar éadan na haille.

Déanaimid iontas de chiúnas an mhullaigh,
den aireagal ar an aill,
den sé chlochán cuachta le chéile
inar lonnaigh na manaigh,
den dá thobar bheannaithe,
den stoirm in anam is i gcolainn
a thiomáin fir chun dul ar an uaigneas.

Duine ar dhuine suíomhnaíonn na mná
cearta fearainn, ag croitheadh
a gcuid gruaige amach sa ghaoth.
An oiread san siocair pheaca, an oiread san
ainmhianta smachtaithe le fada
tagtha le neadú idir na clocha anois
ag tuirlingt mar phúichíní gaoithe
is peadairíní stoirme ag filleadh ar a bpoill.

THE LAUNDRY GIRLS

We are the laundry girls
who, we are told,
sinned most gravely.
Headstrong wicked girls.
When the spring sap sang in us
we yielded to tides of passion
in fields and mossy ditches,
in dark winter barns
with the dry hay nesting us.

We bore babies to lovers who wouldn't marry us
since we weren't virgins anymore;
bore babies to fathers,
brothers, uncles and priests
through our fault, through our fault,
through our most grievous fault.

Now sorting clothes for the wash,
soap suds to the elbow
in stifling steamy rooms,
we make reparation for our sins
scrubbing and bleaching
the shirts and bed linen of the just
under the pious eyes of the nuns.

The sisters are kind to us at times,
understand our lusts of the flesh,
why we must be locked up.
They petition God for us
and they will when we die
for they know that in the outside world
there wouldn't be as much as a prayer for us.

AINNIRÍ NA NEACHTLAINNE

Muidne ainnirí na neachtlainne
a pheacaigh go trom deirtear linn
a náirigh muid féin is ár muintir
le toircheas lasmuigh den chuing
a fógraíodh ó chuile altóir
le go dtuigfí i ngach áit cé muid.

Cailíní ceanndána urchóideacha,
a ghéill do na tuiltí tromghrá
i bpáirceanna 's i gclathacha caonacha
nuair a chan sú an earraigh trínár lár
nó in iothlainneacha dorcha geimhridh
is an féar tirim mar nead cluthar fúinn.

Bhí leanaí againn le leannáin nach bpósfadh
ó nach maighdeana anois muid a thuilleadh.
Bhí leanaí againn le haithreacha
deartháireacha, uncail is sagairt
trínár gcoir féin, trínár gcoir féin,
trínár mórchoir féin.

Anois ag rangú éadaí don níochán,
sobal galúnaí go huillinn
i seomraí tachtmhara gal-líonta
déanaimid leorghníomh inár n-olcas
ag sciúradh is ag tuargaint
léinte is braillíní na bhfíréan
faoi shúile naofa na mban rialta.

Tá na siúracha cineálta in amannaí.
Tuigeann siad ár n-ainmhianta
an chúis gur gá muid a iamh i ngéibheann
is guíonn siad ar ár son
is guífidh nuair a éagfaidh

Nights in the convent dormitory
we smoke Woodbines and dance
to tinny music on the radio
while our babies wind plump arms
around the necks of their adoptive mothers,
sleep in peaceful cradles
in the houses of strangers
and never ever think of us.

nó is eol dóibh sa domhan lasmuigh
nach mbeidh paidir amháin á cur linn.

Oícheanta i suanlios an chlochair
caithimid *Woodbines* ag rince
le ceol clingeach raidió
fad is a fháisceann ár leanaí lámha beathaithe
thar mhuinéil a máithreacha altrama
fad is a chodlaíonn go sámh i dtithe strainséirí
gan smaoineamh orainne go deo na ndeor.

NIAMH'S BIRTH

Sad music of the curlews close to the house
keening from a grass fringed place
our loneliness as one,
a contraction in my belly growing
until the stars swing in pain.

There is a bed ready for me in the darkness
a nesting place hidden from the wind
where I may find night refuge
beneath the stare of an enamelled moon
through the branches.

But I turn my back on the elemental
and the despairing cry of birds.
In labour on an antiseptic bed
expertise and medical skill on all sides
I will not let them know that I think of a bed in the grass
my nails clawing the earth.

BREITH NIAMH

Goltraí na gcrotach i ngar don teach
ag caoineadh ó áit fhéarimeallach
ár n-uaigneas ag cumasc le chéile.
Greadadh im mhéadail a mhéadaíonn
go luascann na réalta i bpian.

Tá leaba réidh dom sa duibheacht
neadlann folaithe ón ngaoth
ina bhfaighead tearmann oíche,
gealach chruain trí fhrainse duilliúir
ag stánadh os mo chionn.

Ach tugaim mo chúl le cianacht
is ar fhuamán dearchaointeach éan.
Im luí seoil ar leaba fhrithsheipteach
oilteacht is leigheas ar gach taobh,
ní nochtfad leo go smaoiním ar leaba sa bhféar
is m'ingne sáite sa chré.

MOON PHASES

The moon doesn't have the same grip on me as she once had.
She beams through her usual phases from the same starfield;
waxes and wanes as she has always done
playing her old tricks with the red tides of my body
so that I'm unwilling to yield to her power anymore.

These days she keeps an eye on me
her head half turned away from me
trying to escape the shadow I cast on her
but when I study her face closely
I see my own features in her dark scarrings.

That is how even still she keeps hold of me
in her whitening with the dawn, fading me out
like a half-bleached rag against the blue sky.
And then she pitches me against the stony shore.
A worthless thing on whatever tide she chooses.

GNÉITHE NA GEALAÍ

Nílimse i ngreim na gealaí mar a bhínn tráth.
Lonnraíonn sí faoina gnáthghnéithe ón réaltbhuíon chéanna;
tagann sí chun cinn is tránn ar gcúl mar a dhein riamh
chun a seanchluichí a imirt le taoidí dearga mo choirp
ach ní ghéillfead dá smacht a thuilleadh.

Na laethanta seo coimeádann sí súil orm,
a haghaidh leathiompaithe uaim
ag iarraidh éalú ón scáil a chaithim uirthi
ach nuair a dheinim géariniúchadh ar a haghaidh
chím sna méirscrí dorcha mo cheannaithe féin.

Is mar sin a choimeádann sí faoi smacht mé
ina bánú le haithne an lae, dom ghlanadh amach
mar cheirt leath-thuartha i gcoinne ghoirme na spéire.
Is mar sin a chaitheann sí mé i gcoinne na duirlinge,
ní gan taithneasc ar pé taoide a roghnaíonn sí dom.

FOR AOIFE

Spring equinox,
sky shadows filling to the brim
the wheel ruts of March,
our clothes flapping after us,
we carry you over the rough ground
to that secret carefree place –
a grassy patch between standing stones –
and dance with you in a circle
your ritual birth dance.

Today, no priest will lay hands on you;
he will not bridle you with prayer
or darken your bright forehead
with cold church waters.
Today, in a grassy cradle
in a field of daisies and gorse,
the whinny of the white mare in your ears,
you will feel the presence of the Great Mother
like an ancient rhythm pulsing in your blood.

Tomorrow, in your ancestral baptismal robes,
you will go to your father's church
where the devil will be cast from you,
the priest so absorbed in the job
he will be unaware of the water shiver in the font,
the pawing of the white mare outside,
the look of recognition in your wild-damson eyes,
and the smile on your clover-sweet mouth.

DO AOIFE

Lá leathach an earraigh,
scáileanna spéire sna sclaigeanna
ag líonadh mhí an Mhárta go bruach,
ár n-éadaí 'na slapair 'nár ndiaidh,
beirimid thú thar an ngarbhlach
don áit dhiamhair spleodrach –
cluasóg ghlas idir na galláin –
ag rince i gciorcal leat
i ndamhsa ríotais do bhreithe.

Inniu, ní leagfaidh sagart láimh ort;
ní smachtóidh sé le paidreacha thú,
ní ghruamóidh sé d'éadan geal
le huiscí fuara eaglasta.
Inniu i gcliabhán an fhéir
i mbánta nóiníní is aitinne,
seitreach na lárach báine id chluasa,
aireoidh tú foladh na Máthar Ársa,
seanrithim ag pulcadh id fhuil.

Amárach, i róbaí séadacha do bhaiste
raghaidh tú go heaglais d'athar
mar a ruaigfear an diabhal asat,
an sagart chomh gafa leis an jab
nach n-aireoidh sé an t-uisce san iomar ag crith,
ná seitreach na lárach báine
ag crúbáil na talún lasmuigh,
nach n-aireoidh sé meangadh na haithne
i ndaimsíní fiáine do shúl,
fáthadh an gháire ar sheamair mhilis do bhéil.

ICONOCLASM

These September days are all alike,
a surfeit of completion and fruitfulness.
Smug bees hum their way homewards
their summer work ended.
Choicest berries polish the hedge tops
and hidden pomegranates goad.

It isn't time yet for me to snooze
under a watery sun when somewhere
out there cargoes of topaz and ambergris sail,
caravans ride old silkroads
and sapphires wink from distant valleys.

But I am bound by old ties
that grow more entangled with time
and all the while the laurels cast
puppet shadows on the grass
and aphids eat the sunflower's heart.

ÍOLBHRISEADH

Bíonn laethanta seo Mheán Fómhair mar an gcéanna,
brúcht chomhlíonta is torthúlachta,
beacha bogásacha ag crónán abhaile
a saothar samhraidh i gcrích,
lonraíonn úlla laistiar d'fhallaí arda,
snasann sméara mullaigh barr an chlaí
is griogann pomagránaití folaithe.

Níl sé in am dom suanadh fós
faoi ghrian mhílítheach. Amuigh ansin
seolann lastaí de thopás is d'ambargrais,
marcaíonn carbháin seanbhóithre síoda
is sméideann saifírí ó ghleannta imigéiniúla.

Ach táim luinncreálta le seancheangaltais,
níos mó in aimhréidhe le gach iarracht
is ar feadh na faide croitheann na labhrais
scáileanna puipéadacha ar an bhféar
is alpann míolta plandaí croí lus na gréine.

THE WASHERWOMAN BEATS THE LAUNDRY

The washerwoman beats the laundry
against the stone tub,
she sings because she sings and is sad
and she sings because she is alive:
so she is also happy.

If I could do in verses
what she does with the laundry
perhaps I would lose
my certainty about fate.

Ah, the enormous unity
of beating laundry full-heartedly
while singing snatches of song
or the whole thing
without any thought of reasoning!
But who would wash my heart?

SLISEANN AN NÍODÓIR MNÁ NA HÉADAÍ
Leagan Gaeilge de dhán le Fernando Pessoa

Sliseann an níodóir mná na héadaí
i gcoinne na daibhche cloiche.
Canann sí de bhrí go gcanann sí faoi ghruaim
is canann cionn is go bhfuil sí beo:
dá bhíthin sin tá sí sona chomh maith.

Dá gcuirfinn i gcrích i véarsaí
an méid a dhéanann sí leis an níochán
b'fhéidir go gcaillfinn mo chinnteacht
nach bhfuil dul agam ón dán.

Ó, an aontacht mhillteanach
atá le fáil i sliseadh éadaí go croíúil
i gcasadh giota amhráin nó an t-iomlán
gan oiread smaoineamh ar réasúnú!
Ach cé a nífeadh mo chroí?

MOLING'S BIRTH

She was black against me,
wildcat eyes boring into me
following me from kitchen to yard;
venom in her heart
she dogged my footsteps
from dairy to barn,
her husband everywhere before me
making sheep's eyes at me,
waiting his chance

until he got it;
and seeing my sister enraged,
puffed up like a snake
swallowing a rabbit, I had to flee before her revenge,
before her good-for-nothing husband
who turned his back on me
pregnant with his son.

I felt in the darkness of my womb
the plait of bones being laid down,
layer on layer of soft flesh
settling like moss on a branch,
the eyes like apple seeds
bedded firmly in the small white face,
lips already puckering,
practising their sucking.

A snowdrift is my bed tonight,
me as weak as a sop
my raven black hair spread under me,
my newborn son beside me,
I wait the return of my strength
so I can strangle him with my own hands –
except for this bird descends –

BREITH MHOLING

Is í do bhí dubh im choinne,
súile cait fhiáin dírithe orm
dom leanúint ó chistin go clós,
íorpais nimhe neanta ina croí
ag coinneáil ar mo shála
ón déirí go hiothlainn,
a fear céile chuile áit romham
súile na glasóige aige orm
ag feitheamh ar uair na faille.

Go dtí go bhfuair. Go bhfaca mo dhrifiúr,
fuath, fearg agus fala uaithi chugam,
borrtha ar nós nathrach
ag slogadh coinín siar,
go raibh orm teitheadh ar fhaitíos a díoltais,
ar fhaitíos a céile spreasánta
a d'iompaigh a chúl liom
gan lámh chuidithe a thabhairt
is mé trom ar a mhac.

D'airíos i ndorchadas mo bhroinne
an bréidín cnáimhe á leagadh síos;
sceo ar sceo bog craicinn
ag lonnú mar chaonach ar chraobh;
na súile mar phórtha úill ag neadú
go daingean san aghaidhín bán;
na beola ag cruinniú cheana féin
ag cleachtadh a gcuid siolpaireachta.

Ráthach sneachta mo leaba anocht,
's mé chomh lag leis an éan gé,
mo dhuail chiardhubha spréite fúm
mo mhac nuabheirthe taobh liom,
mé ag fanacht le teacht mo luadair chugam

this stupid pigeon full of bravado
thrusting himself between us.

My fist closed on a handful of plumage,
half suffocated with his fluttering about me,
I sense lanterns like moons burning
on the black rim of consciousness,
my ears abuzz with syllables
as plentiful as summer bees
and Brendan's monks like thawing snow
slide clumsily towards me
offering shelter and forgiveness.

go dtachtfainn lem lámha féin é
ach go dtuirlingíonn an t-éan seo –
colúr dúramánta lán gaisciúlachta –
ag cur a chleití eadrainn.

Mo dhoirne iata ar shlám a chlúmhaigh,
leathmhúchta ag a chleitearnach tharam,
airím laindéir mar ghealacha ag dó
ar dhubhimeall m'aithne,
mo chluasa beo le siollaí
chomh líonmhar le beacha samhraidh
is manaigh Bhréanainn ag tónacáil
mar choscairt sneachta im threo
ag tairiscint dídine is maithiúnais dom.

PURGATION

I don't remember now
how often our love was made flesh.
I don't remember how often
in the dead of night,
squatting on my hunkers
I gave birth to babies
in fields, in bogs,
in abandoned houses,
on rubbish dumps
with the ground oozing under me.

I scarcely remember their gluey bodies
under the moon.
How I drowned them in drains and bogholes,
how I threw them from me
without a screed of clothes
over the slope of the gorge,
or how I left them rolled up like snails
at the bottom of ditches
amidst the pecking or birds.

Nights recently they take possession of me,
coming unexpectedly and uninvited
they close in on me
until my body is filled with them
and I'm deafened
with the sound of their sucking,
with their newborn cries,
their whingeing calls that I baptise them.

A fever on my skin
from morning to evening
I run along the edge of the gorge
listening to the echoes
of their voices from its depths;

SAORGHLANADH

Ní cuimhin liom anois
cé mhéad uair
a ghlac ár ngrá colainn dhaonna.
Ní cuimhin liom cé mhéad uair
in am mharbh na hoíche
craptha ar mo ghogaidí
gur rugadh leanaí dom
i bpáirceanna, i bportaigh,
i dtithe tréigthe,
ar chúlacha spruadair
is an talamh ag púscadh fúm.

Ar éigean a chuimhním
gliúch a gcorp faoin ngealach,
mar a d'iombháigh mé iad
i ndíoganna is i bpoill bháite,
mar a chaith mé uaim iad
síos titim an chumair
nó mar a d'fhág mé iad
ina gceirtlíní ar nós seilmidí
ag bun claise
i measc giob geab éan.

Oícheanta ar na mallaibh
glacann siad seilbh orm
ag teacht gan choinne chugam
is gan iarraidh agam orthu
caolaíonn siad isteach orm
go líontar mo chorp leo
go mbím bodhraithe
le fuaim a siolpaireachta,
lena gcaointe nuabheirthe
le geoin a n-achainíocha
go mbaistfinn iad.

I wade every pond
every muddy puddle in search of them
and I dig in ditches
untangling their fingers
from roots of ivy
and honeysuckle
that I may make a posy of their bones.

Beirfean im chraiceann
ó lán lae go tráthnóna
rithim le ciumhais an chumair
ag éisteacht le fológa
a nguthanna ón doimhneacht;
maosclaím gach lochán
gach loitheán ar a dtóir
is tochlaím na claíocha
ag scaoileadh a méaranna
as fréamha eidhneáin
is lus na meala
go ndéanfainn pósae dá gcnámha.

An Dúlra

NATURE

THE KEEPER OF SHEEP II

My sight is clear like a sunflower.
I usually walk the roads
looking right and left,
sometimes looking behind me,
and every minute I see things
I hadn't seen before
and I am well used to looking at things.
I can feel the exact same wonder
as a newborn child would feel
if he felt at all
that he had been really and truly born.
Every moment I feel I have just been born
to an entirely new world.

I believe in the world as I believe in a daisy
since I see it. But I don't think about it
because to think is to not understand.
The world wasn't created
for us to think about it,
(you have poor eyes if you need to think),
but to look at it and engage with it.

I have no philosophy but feelings ... If I speak of nature
it is not because I am well informed about it
but because I love it and that's no small reason,
because those who love
never know what they love or why they love
or what love is.

To love is eternal innocence.
And the only innocence
is not to think.

An Coimeádaí Caorach II
Leagan Gaeilge de dhán le Fernando Pessoa

Tá m'amharc chomh glé le lus na gréine.
Is gnách liom na bóithre a shiúl
ag breathnú ar dheis is ar chlé
amanna ag breathnú im dhiaidh,
is chím chuile nóiméad
nithe nach bhfacas cheana,
is táim oilte go maith ag nithe a shonrú.
Is féidir liom an t-ionadh
ceannann céanna a mhothú
is a mhothódh leanbh nuashaolaithe
dá sonródh sé in aon chor
gur saolaíodh go fírinneach é.
Gach nóiméad braithim go bhfuilim
díreach saolta go domhan
nuachruthaithe as éadan ...

Creidim sa domhan mar a chreidim i nóinín
toisc go bhfeicim é. Ach ní smaoiním air
(nach dona na súile atá agat má bhíonn ort machnamh)
ach le bheith ag breathnú air
is bá a bheith agat leis.

Níl fealsúnacht agam, ach ciall is céadfaí ...
Má labhraím i dtaobh an Dúlra,
ní hé go bhfuilim eolach air
ach go ngráim é is ní beag sin mar chúis,
mar ní bhíonn a fhios acu san a ghránn
cad a ghránn siad, nó cén fáth go ngránn
nó cad is grá ann.
Is soineantacht shíoraí í an grá
agus is í an t-aon soineantacht
ná gan bheith ag smaoineamh.

THE HARE

Between the haymaking and harvesting
unknown to me you made a bed
for yourself in the spinach patch.
You on the run
from autumn mowing machines
taking a rest
until I release a jet of water from the hose
over the parched vegetable patch
and you spring up
in the face of the wetting.

O hag of the fields
I banished so churlishly,
I recognised in the young corn-green
of your glassy eyes
the memory of the blood offering of the ages
when you were murdered in the last sheaf
of every cornfield
and I won't close an eye tonight
listening to your screams
echoing from the stubble fields.

AN GIORRIA

Idir speal is corrán
dhein tú leaba duit féin
i ngan fhios dom
sa phaiste spionáiste.
Tú ar do choimeád
ó innle an fhómhair
ag ligint do scíste
nó gur scaoil mé
priosla uisce ó phíobán
thar thriomacht an gharraí
is d'éirigh tú de phreib
roimh an taisleach.

A chailligh na bpáirceanna,
a dhíbir mé le doicheall
d'aithin mé i ngeamharghlaise
do ghleamshúl
cuimhne ar fhuil ofrála na gcianta
nuair a maraíodh thú
i bpunann deireanach
chuile ghort arbhair,
is ní bhfaighidh mé codladh anocht
ag éisteacht le do screadanna
ag baint macalla
as na conlacha.

ONE FOR MANNIX

Our sheepdog who had to be put down by the vet because he got too much of a taste for mutton

Cold your bed under the hedge
a sheet of frost on you,
a daffodil on you.
Yesterday I lived under your protection,
you didn't let a bird or a bee near me.
Oh true protector,
hound of Deirdre.

Cheeky robins in the yard,
pigeons strut the lawn,
mockery of crows from the wire
unchecked and you silenced.
Cold your bed under the hedge,
a sheet of frost on you,
a daffodil on you.

CEANN DO MHANNIX

Ár madra caorach a chaith an vet a mharú toisc gur tháinig an iomarca dúile ann sa chaoireoil

Fuar do leaba faoin gclaí,
braillín seaca ort,
lus an chromchinn ort.
Faoi do choimirce mhaireas inné,
níor ligis éan ná beach im chóir.
A fhíorchosantóir,
a chú Dheirdre.

Spideoga dána sa chlós,
colúir ag céimniú na faiche,
gártha na bpréachán ón tsreang
gan cosc ó tostadh thú.
Fuar do leaba faoin gclaí
braillín seaca ort,
lus an chromchinn ort.

AUTUMN

Autumn butterflies
in full sunshine
at the gable of the house
drinking nectar
from the golden hearts
of Michelmas daisies
a silken wind
amongst the stalks
stirring thoughts
another autumn
and you beside me
when I didn't understand
the shortness of life
as I do now.

FÓMHAR

Féileacáin fómhair
faoi iomlán gréine
ag binn an tí
ag ól neachtair
as croíthe ómracha
nóiníní Mhichíl
gaoth shíodúil
i measc na ngas
ag corrú smaointe
Fómhar eile
is tú le m'ais
nuair nár thuigeas
díomuaine
mar a thuigim anois é.

BALTINGLASS

The embers of our proud fires
stamped out long ago – digested
into the pith and marrow of this land –
spew up again, blow across your path,
hover in low-slung clouds
over the tonsured hills,
pause in stillness between birdsong
from groves of rowan, hazel and yew.

We have never left these valleys
where once we studied shifting skies,
deciphered croak of raven and scald crow,
lay down on beds of sacred wattles
the better to divine our world.
Ours is the chanting you hear now
where the air thickens and braids to a storm.
Ours is the Kite of Claon-O on his yew tree
gorged with his victim's flesh.

BEALACH CONGLAIS

Gríosach ár dtinte buachana
múchta faoi chois fadó – caite siar
i smior is smúsach na tíre seo –
brúchtann siad amach arís, ag séideadh
thar do bhealach, ar foluain
i néalta dubha os na cnoic choirneacha,
ag moilliú san achar ciúin idir canadh na n-éan
ó gharráin chaorthainn, choill is iúir.

Níor fhágamar na gleannta seo
mar ar dheineamar iniúchadh tráth ar spéartha reatha,
mar ar mhíníomar grág an fhiaigh dhuibh is na baidhbhe,
mar ar luíomar ar leapacha de chleitheanna coisricthe
d'fhonn fáistine níos fíre a dhéanamh ar ár ndomhan.
Is linne an chantaireacht a airíonn tú anois
san aer ag dul i dtiús is ag casadh go stoirm.
Is linne Cúr Chlaoin-Eo ina chrann iúir
é pulctha le feoil a chreiche.

FOREST AND RIVER

'I wish I were like you',
said the forest
to the roaring river,
'always travelling,
always sightseeing;
rushing towards the pure realm
of the sea,
the kingdom of water:
water.
The fierce vigorous spirit of life,
the liquid turquoise of light
with eternal flow ...'

'But who am I?
Only a captive,
chained to the earth.
In silence I grow old,
in silence I wither and die,
and before long
nothing will remain of me
but a handful of ashes'.

'Oh forest half asleep, half awake',
        cried the river,
'I wish I were you,
enjoying a retreat
of living emerald,
illuminated by moonlit nights;
being a mirror
reflecting the beauties
        of spring;
a shaded *rendezvous* for lovers,
your destiny, a new life
        every year;

FORAOIS AGUS ABHAINN
Leagan Gaeilge de dhán le Zhalah Esfahani

'Nár mhéanar bheith cosúil leat',
arsa an fhoraois
leis an abhainn ghlafarnach,
   'de shíor ag taisteal,
   de shíor ag fámaireacht;
ag scuabadh leat go fearannchríoch
ghlan na farraige,
ríocht an uisce;
uisce.
Spiorad fuinniúil ainmhianach
na beatha
turcaid leachtach solais
de shíor á sníomh ...'

'Ach céard tá ionamsa?
Níl ionam ach príosúnach,
   i gcuibhreann na talún,
tostach, téim in aois,
is mé sean, seargaim is básaím.
Sar i bhfad
ní bheidh fágtha díom
ach dornán luaithrigh'.

'A fhoraois, ag suanaíocht
   idir chodladh is dúiseacht',
   arsa an abhainn,
'nár mhéanar bheith cosúil leat,
ag baint aoibhnis as aduantas
na hiathghlaise beo
faoi loinnir na gealaí
agus tú id scáthán
   ar áilleacht an Earraigh,
tearmann rúnda do leannáin.

my life, running away from itself
    all the time;
running, running, running
    in bewilderment;
and what do I gain
from all this meaningless journey?
Ah ... never having a moment of calm
    and rest!'

No one can know
what the other feels;
who bothers to ask
    about a passerby
if he really existed
or was only a shadow.

Now a passerby
aimlessly walking in the shade
gets as far as asking himself
'who am I? A river? A forest?
    Or both?
    River and forest?
    River and forest!'

'Athnuachan i ndán duitse
chuile bhliain,
mo bheo féin ag éalú uaim
feadh na faide,
ag rith, rith, rith,
go meascán mearaí;
cén tairbhe dom
an t-aistear uilig seo gan chiall?
Mé de shíor ag rith mar nach bhfuil
    suí foraoise ná clúid sonais dom!'

Ní thig le neach bheith eolach
ar a n-airíonn neach eile.
Cé a chuireann suntas dá laghad
i nduine ag dul thar bráid?
Cé a cheistíonn arbh ann dó i ndáiríre
nó an scáil a bhí ann?

Anois tagann fámaire ag fálróid
    go fánach faoin scáth
chun a cheistithe féin
'cé mé? Abhainn? Foraois?
Nó an dís?
Abhainn is foraois?
Abhainn is foraois!'

To See the Fields and the River

To see the fields and the river
it isn't enough to open the window.
To see the fields and the flowers
it isn't enough not to be blind.

It is also necessary to have no philosophy.
With philosophy there are no trees,
just ideas.
There is only each one of us like a cave.
There is only a closed window and the whole
world outside,
and a dream of what might be seen if the
window were opened
which is never what is seen when the window
is opened.

D'FHONN NA PÁIRCEANNA AGUS AN ABHAINN A FHEISCINT

Leagan Gaeilge de dhán le Fernando Pessoa

D'fhonn na páirceanna agus an abhainn a fheiscint
ní leor an fhuinneog a oscailt.
D'fhonn na crainn agus na bláthanna a fheiscint
ní leor gan bheith dall.
Ní foláir bheith gan fealsúnacht chomh maith.
Le fealsúnacht níl crainn ann
ach smaointe.
Níl ann ach gach duine ar leith againn, ar nós
uaimhe.
Níl ann ach fuinneog iata fad is atá an
domhan uile lasmuigh,
maraon le brionglóid faoina mbeadh le feiscint
ach an fhuinneog bheith ar oscailt
rud nach bhfeictear in aon chor
agus í oscailte.

TRACKS

The marsh harrier lords it
over this sweep of blanket bog
where only moss, bog-cotton and black sedges grow.
I am convinced that no-one has ever set foot
in this desolate place
until I come on an abandoned quarry
overgrown with cotton grass.
On the floor below me
layers of sandstone
cut and shaped.
At the foot of the cliff
boreholes for the gelignite
which shattered the rock
and nearer to me I make out
the ghost of vague writing,
initials of the men who once worked on this site.

I track the footprints of the fallow deer
on the path before me
noticing how they almost manage to put
their cloven hind hooves
into the tracks of their forefeet;
I go past fox scat, pine marten and badger droppings,
hear the frightened screech of a meadow pipit
snatched from her nest in the heather
but however much I try
I cannot reconcile the imprints of the quarry workers
with this indomitable mountain.

LOIRG

Is leis an gcromán móna
na fraochmhánna im thimpeall,
an bratphortach nach bhfásann ann
ach caonach, ceannabhán is cíb dhubh.
Sílim nár shiúil aon duine
an dúthaigh dhearóil seo riamh
go nochtann seanchairéal romham
fágtha, fásta, foirgthe le síoda móna
sraitheanna gaineamhchloiche scoilte
ina leaca rialta ar an urlár thíos;
ag bun na haille na poill tóiríochta
do na pléascáin a réab an charraig
is níos cóngaraí fós dom deinim amach
taibhse dhoiléir inscríbhinne –
ceannlitreacha na bhfear
a d'oibríodh ar an láthair tráth.

Leanaim loirg crúibe an fhia bháin
ar an gcosán romham, á ngrinniú
nó is beag ná go gcuireann siad
na crúba scoilte deiridh isteach
i rianta na gcrúb tosaigh;
téim thar bhuailtrigh an tsionnaigh,
an chait chrainn is an bhroic,
cloisim scread na riabhóige móna
ach má chuirim mo bhundún dearg amach
ní thig liom loirg na gcairéalaithe
is an sliabh neamhcheansaithe
a chur i rím le chéile.

VENOMLESS SNAKE

I saw them coming towards me
through the pallid evening light,
a group expert at reading my belly tracks,
the twisting drills in the earth
that betrayed me.
I was aware of their swaying lanterns
and forked bodies
between me and the moon.

I didn't leap to the attack,
for I am the necromancer of the world,
the fertility of their fields,
the wellspring of their rivers,
the fruitfulness of their wombs.
When I dance in the hands of goddesses
the crowd bows down
in respect before my form.

Sacred palace snake,
I sucked milk and honey
until banished
to the garden of a vengeful god
where the apples weighed on my head
and I was tormented
by the two beneath the tree.

I who once slept in a vessel of porphyry
who nestled between the breasts of gods
what respect could I have
for a weakling man and woman
whispering to each other
with no desire to eat
but for the sake of knowledge.

NATHAIR GAN NIMH

Chonaic mé chugam iad
i bhfannléas oíche
dream a bhí oilte ar rianán mo bhoilg,
ar lúbarnaíl na n-iomairí
sa chré sceiteach a d'fheall orm.
D'airigh mé luascadh a lampaí,
gabhlú a gcorp
ag gearradh gealaí orm.

Níor fháisc mé chun ionsaithe,
óir is geasadóir na cruinne mé,
torthúlacht a ngort,
caisí a n-aibhneacha,
méiniúlacht a mbroinnte.
Ar rince dom i lámha bandéithe
titeann an slua
le hurraim roimh mo chruth.

Nathair choisricthe an pháláis,
dhiúil mé bainne is mil
go dtí gur ruaigeadh chun fáin mé
go gairdín Dé a d'agair olc orm,
mar ar chuir na húlla
ualach ar mo chroí
is fuair mé mo chéasadh
ón mbeirt faoin gcrann.

Mise go raibh leaba agam
i bpróca parfaraí,
a neadaigh idir cíocha déithe,
cén meas a bheadh agam
ar ghraisíneach fir is mná
ag cluasaíocht le chéile
gan dúil acu in ithe
ach ar son an fheasa?

Another dim light strokes me now
where I lie by my eggs
the prey of peacock and swine,
drawing back in fear
before the flaying that will make
a shoe or a bag out of me,
before the hatch that will send
my kin on the by-way back.

Cuimlíonn smearsholas eile mé
mar a luím anois cois m'uibheacha
im chreach péacóige is muice,
ag breith chugam le heagla
roimh an bhfeannadh a dhéanfaidh
bróg nó mála díom,
roimh an ngoradh a scaoilfidh
mo shliocht ar a gcúlbhealach siar.

THE PIGEON

All the long day
a pigeon on the windowsill
taps on the glass;
his breast greyish purple,
his beak a blend of orange and pink
and like a courtier before a queen
he fans out his tail feathers
bowing to the ground before me.

He's not looking at you, you say
he's bowing before the duck on the shelf inside.
I look at my white porcelain plate –
a duck's head rising up
from a finely-curved neck –
which I had bought in French *foie gras* country.

But his attention was not on the bright duck
his bowing was before the most regal pigeon
he had ever seen;
his breast greyish purple
beak a blend of orange and pink,
his own reflection in the windowpane.

An Colúr

Ó iar lae go lán lae
lán lae go tráthnóna
colúr ar leac fuinneoige
ag cnagadh ar an ngloine;
liathchorcra a bhrollach,
i leith bhándeirge is oráiste a ghoib
ar nós cúirteora roimh bhanríon
spréann sé eireaball amach go feanúil
é ag umhlú go talamh romham.

Níl sé ag breathnú ortsa, a deir tú,
tá sé ag umhlú don lacha ar an leac laistigh.
Breathnaím ar mo phláta bán poircealláin –
ceann lachan ag éirí aníos
ar mhuinéal dea-chuartha –
a cheannaíos i ndúiche *foie gras* na Fraince.

Ach ní raibh a aird ar an lacha gheal
ach é ag umhlú don cholúr ba ríoga
dá bhfaca sé riamh;
liathchorcra a bhrollach
i leith bhándeirge is oráiste a ghoib –
a scáil féin i bpána fuinneoige.

BESIDE THE BARROW

The seagulls drop
like wind driven snow to the banks.
Such a display of the headlong
plunge of drakes
under dark river water
the storehouse of hubcaps and bottles,
bicycle frames, supermarket trolleys,
tin cans and the junk of centuries.

Old river track rhythms have shifted,
drowned in the shadows of cranes,
the din of bulldozers and excavators,
Joshua Watson's malting house
a heap of old iron and stone
making way for a new hotel,
new offices, a shopping mall.

Upriver the lime kiln appears
like a ghost through a skein of mist,
then the deserted sugar factory
and the great pipe that bore the tare
high over the water to the mud fields
where golden plover and curlew
complain from the shallow lagoons.

I don't as much as hear an echo of the prayers
that Cróinín said at the day's end
in her riverside cell,
nor is there a trace left of Comhghall's church.
The stone slabs of the famine graves lie askew,
and flowers bound with yellow ribbon
in memory of the young suicide
hang withered on the bank.

Cois Bearú

Tuirlingíonn na faoileáin
mar raiste sneachta go bruacha,
a leithéid de thabhairt amach
is bardail á n-iomlasc féin
in uiscí odhra na habhann –
taisceadán caipíní moill, buidéil,
creatacha rothar, tralaithe ollmhargaidh,
cannaí stáin, barraíl na gcianta.

Seanrithimí na conaire athraithe,
báite faoi scáileanna na gcraenacha,
faoi thorann ollscartairí is tochaltóirí,
faoi bhrúisc theach braice *Joshua Watson*,
ina charn de sheaniarann is cloch
d'fhonn láthair a dhéanamh d'óstán nua,
oifigí nua, meal siopadóireachta.

Suas abhainn nochtann an tornóg aoil
mar thaibhse chugam trí chuisle ceo,
ansin an mhonarcha siúcra thréigthe,
is an t-ollphíopa a d'iompraíodh an táir
os cionn uisce go dtí na páirceanna láibe
mar a ndeineann an fheadóg sléibhe
is an cuirliún fuasaoid ó na murlaigh.

Ní airím oiread is macalla na bpaidreacha
a dúirt Cróinín lá i ndiaidh lae
i ndíseart a cille cloiche cois abhann;
eaglais Chomhghaill gan rian di ar fáil,
leaca reilig an Ghorta ar sceabha;
na bláthanna gona ribíní buí
i gcuimhne an fhéinmharfóra óig
sleabhctha feoite ar bhruach.

THE SKYLARK

Isn't it well for us to be here, he said,
listening to the elation of the lark
singing in the pure heavens
notes of music tumbling joyfully
one after the other around us,
Lugnaquilla and the shoulder of Keadeen
their heads beckoning close to us
and you beside me.

And I think of the pluckiness of the bird
a tiny fullstop punctuating the sky,
so abandoned in his burst of song he forgets
for a short time, his nest hidden in the grass
my cloud of worry shadowing him
as I imagine the arrival of the machines,
plunderers that will raze at one go
nest, bird and crop together.

FUISEOG NA SPÉIRE

Nach méanar dúinn bheith anseo, ar sé,
ag éisteacht le gliondar fuiseoige
ag canadh i bhfíorghlinnte an aeir
na nótaí ceoil ag titim le meidhréis
ceann ar cheann inár dtimpeall,
Lug na Coille is gualainn an Chéadaoin
ag bagairt a gcinn faoi neasacht dúinn
is tusa in aice liom.

Is smaoiním ar neamheaglacht an éinín
mar lánstad bídeach ag poncú na spéire,
chomh scaoilte ina scol amhráin
gur cuma leis seal a nead ceilte san fhéar
nó néal mo bhuartha ag caitheamh scáile air
is mé ag samhlú theacht an innealra,
sladmharfóirí a bhainfidh in aon turas
idir nead, éan is barra le chéile.

LOVE AND IMAGINATION

Grá agus Samhlaíocht

THE WELL

I am the enchanted deer
that breaks cover,
the ground oozing beneath my hooves.
In the half-light I hear
the whispering of the well
where my thirst may be quenched.

I am the golden girl of the well,
the lonely temptress of night
come from the bottomless depths,
the legend in the hearts of men.
I entice them to me
that my desire may be satisfied.

I am the barefooted child,
wilted poppies in my hair
who comes with an enamel bucket
to draw water,
a frog sunning on a flagstone,
my prince waits for me.

I am the earnest poet
lingering on the brink
who is called to the well
that I may taste from cupped hands
the pulse of your energy on my tongue,
the spring of your sacrament in my mouth.

AN TOBAR

Mise an eilit faoi dhraíocht
éirithe as an leaba dhearg
talamh uisciúil faoi mo chrúba.
San idirsholas cloisim
sioscaireacht an tobair
mar a sásófaí mo thart.

Cailín órga an tobair mé,
bandraoi uaigneach na hoíche
tagaithe ón duibheagán gan ghrinneall,
an finscéal i gcroí gach fir.
Meallaim chugam iad
go sásófaí mo thart.

Mise an páiste cosnochtaithe,
poipíní feoite im ghruaig
a thagann le buicéad cruanta
chun uisce a tharraingt.
Frog ar leac in áilleacht gréine,
tá mo phrionsa ann romham.

Mise an file dobrónach
ag fánadóireacht ar bhruach,
a glaodh chun an tobair
go mblaisfinn óm bhoiseog
ceol do bheochta ar theanga
agus bíog do shacraiminte i mo bhéal.

DISGUISE

Birdwoman, sky goddess,
redcrested, wings of blue,
your hooded cloak feathered
with the radiant plumage of myriad parrots,
did you grow weary of flying
or did a begrudger take aim with an arrow
that sent you crashing to the ground?

Your corpse curled like a child in the womb,
the tribe left you propped up by a stake
in the earth until beetles stripped your flesh
and your skeleton clean for burial,
they stuffed you in a mummy bundle, packing
your bones with herbs, grasses, beans, coco,
gourds and yellow meal; your fragile head
turned to face the rising sun.

Satisfied that they had come upon a giant bird
what confusion beset your finders
when x-rays showed the woman inside,
and on opening the bundle, what astonishment
when their ears filled with wingbeat
and they saw in the empty balls of your eyes
the old blue skies of Peru where once you flew
side by side with condors and hunting hawks.

CEILEATRAM

A éanbhean, a bhandia na spéartha,
led chírín dearg, led sciatháin ghorma,
do chochall cluimhrí feistithe
as cleití niamhracha na mílte pearóid,
an é gur éirigh tú tuirseach den eitilt
nó ar scaoil duine doicheallach saighead
a leag de thuairt go talamh thú?

Do chorpán lúbtha mar a bheadh gin toirchis,
d'fhág an treibh thú teanntaithe le sáiteán
san ithir nó gur ith ciaróga do chuid feola uilig;
is do chonablach glan don adhlacadh
bhurlaíodar i mála éadaí thú, ag stuáil do chnámh
le luibheanna íce, le cadás, féara, pónairí, cócó,
guird is min bhuí, blaosc do chloiginn leochailigh
iompaithe ar aghaidh éirí na gréine.

Lánchinnte go raibh siad tagtha ar éan ollmhór,
cad é an meascán mearaí a bhí ar d'aimsitheoirí
nuair a léirigh x-ghathanna an bhean laistigh
is ar oscailt an bhurla dóibh, cad é an mearbhall
a bhí orthu nuair a líon a gcluasa le buillí sciathán
is chonaic i mogaill fholmha do shúl,
spéartha ársa gorma Pheiriú mar ar eitil tú tráth
i gcomhluadar condar is seabhac seilge.

SECOND CHANCE

Everything else gets a second chance,
forever separating, shedding,
renewing,
securing fresh growth for themselves.

Even the snake who was reviled
above all the beasts of the field
slides like silk
from her constrictive skin.

If I were an antlered stag,
I could cast off my crown
with confidence
in the certainty
that new velvet more majestic
would grow on my head every year.

If I were a leafy tree
I would scoff at winter
when I felt beneath my bark
the itch of buds,
messengers of my renewal.

If I were a princess in a fairytale
I would hang my old skin on a thornbush
while I washed my beauty
in a moonlit lake.
Everything else gets a second chance.

AN DARA SEANS

Faigheann chuile rud eile an dara seans,
de shíor ag scaradh, ag sceitheadh,
ag athnuachan
ag glacadh athpháirte chucu féin.

Fiú an nathair a imdheargadh
thar gach míol sa ghort
sleamhnaíonn sí mar shíoda
as cúinge a craicinn.

Dá mbeinn im dhamhfhia beannach,
chaithfinn uaim mo choróin
go cinnte dearfa,
cinnte go bhfásfadh veilbhit
níos maorga ar mo cheann gach bliain.

Dá mba chrann duilliúrach mé
dhéanfainn fonóid faoin nGeimhreadh
nuair a mhothóinn faoi mo rúsc
tochas bachlóg,
réamhtheachtairí m'athóige.

Dá mba bhanphrionsa i scéal mé
chrocfainn mo sheanchraiceann ar sceach
fhad is a nífinn m'áilleacht
i lochán gealaí.
Faigheann chuile rud eile an dara seans.

WAITING

I am lonely here
in an empty room
at bedtime
sleepless
unable to settle down
with you far away from me.
I see no shape or form
to the flower clusters
on the walls around me
my unease running wild
in the riot of fronds and leaves
and you far away from me.

Like small bindweed
or honeysuckle
woven firmly in the hedge
I see every stitch of clothing
that is ours
crammed into the press
hugging each other
long legs and sleeves
inseparable
wound about each other,
and you far away from me.

To the best of my knowledge
you are in your car
your engine hungry,
devouring the miles
somewhere in south country
your attention is the road,
oncoming headlights
blinding you,
windscreen wipers

AN FEITHEAMH

Uaigneach anseo mé
i seomra folamh
am leapachais
gan suan gan chodladh
gan fonn soiprithe fúm
is tú i bhfad uaim.
Cruth ná cuma ní fheicim
ar chrobhaingí bláthanna
ar bhallaí im thimpeall
m'anbhuaine ag dul i bhfiántas
measc raidhse gas is duillí
is tú i bhfad uaim.

Mar a bheadh duillmheal
nó lus na meala
fite go dlúth sa chlaí
chím chuile bhalcais
dá bhfuil againn
fáiscthe sa chófra
greim barróige
ar a chéile
a spanlaí is muinchillí
dodheighilte
casta orthu féin,
is tú i bhfad uaim.

Ar feadh m'eolais
táir id ghluaisteán,
craos ar d'inneall
ag slogadh na slí
áit éigin i ndeisceart tíre
feighlíocht agat ar bhóthar
ceannsoilse romhat
ag baint na súl asat,
cuimilteoirí do ghaothscátha

at full speed
scattering the downpour
from the bleak glass
and flinging the filth of potholes
in spray from your wheels.

I am lonely without you
like a child frozen in a dream
like a bride on tenterhooks
before your arrival,
like a widow in black grief
at your wake,
like a lighthouse keeper
in one great beam of light
brightening the land for you
and you far away from me.

faoi lánluas
ag scaipeadh duartan báistí
ó dhoirbheas gloine
is ag caitheamh liongar linntreog
ina sprae ó do rotha.

Uaigneach id uireasa mé
mar pháiste ina leac i mbrionglóid
mar bhrídeach ar a beophianadh
roimh do theacht,
mar bhaintreach faoi sméirleach bhróin
ag cur tórraimh ort,
mar choimeádaí tí solais
in aon lasair amháin
ag gealadh na dúthaí duit
is tú i bhfad uaim.

CURIOSITY

A cabin by the side of a boreen
closed and dark on the fringe of childhood,
a window on the left boarded up,
my six-year-old face pressed
against the glass of the other one
looking at a blazing fire,
a ball of flame in the darkness

then all of a sudden the door opening,
an old woman in a black cloud
hurtling towards me
so that I took to my heels
from her curses and wicked tongue
before the ground would swallow me
and I would be ensnared in her magic spell.

I saw the forest in her mossy eyes
the tracks in the wood that led you astray
in the wrinkled furrows of her face;
she was the wolf howl in the snow,
the hand that offered the poisoned apple,
the shadow over the cradle,
the cruel stepmother without mercy
who might swap you for a changeling.
She was the old witch her mind always
greedy for a roast child in her pot in the embers.

FIOSRACHT

Bothán ar thaobh an bhóithrín
iata dorcha ar imeall m'óige,
fuinneog ar chlé, cláracha á dúnadh,
m'aghaidh sé bliana leata agam
ar ghloine na fuinneoige eile
ag breathnú ar spóirseach bhreá thine
ina caor sa dorchacht istigh

Ansin an doras ag oscailt de sciotán,
seanbhean ina scamall dubh
ag teacht de ruathar faoi mo dhéin
gur thugas mo bhonnaí liom
ó mhallachtaí is sceana a teanga
sula slogfadh an talamh mé
go mbeinn faoina scim dhraíochta.

Chonac an fhoraois i gcaonach a súl,
cosáin chonaire na coille ina raghfá ar fán
i gcraiceann a haghaidhe;
ba í uaill chaointe an mhic tíre sa sneachta,
ba í an lámh ag tairiscint úll nimhe,
an scáil os cionn an chliabháin,
an leasmháthair gan lé gan trócaire
a d'athródh id iarlais thú.
Ba í an tseanchailleach, a haghaidh de shíor luite
ar pháiste rósta ina corcán sa ghríosach.

PROTECTION

Fear in my heart when I see
the swooping flight of the mountain raven
over ditches and drains
on the hunt for carrion
or riding the updraughts
waiting for his prey,
a heedless newborn lamb maybe
like you my bright darling.

From now on I'll have to ease
my watchfulness, binding you
to me only with silken ties,
for the years will snatch you away from me
and you won't have my protection
from life's ravens.

COSAINT

Spiachán im chroí nuair a chím
eitilt fhaoileanda an fhiaigh shléibhe
thar dhíoganna is chlaíocha
ar lorg splíonaigh
nó ag marcaíocht na huasiomlaíochta
ag feitheamh a chreiche,
uan neamhaireach nuabheirthe b'fhéidir
cosúil leatsa, a uain ghil.

Caithfidh mé m'airdeall a bhogadh
as seo amach ní cheanglóidh mé thú
ach le sreatha síoda,
mar spíolfaidh na blianta uaim thú
is ní bheidh mo chosaint agat
ó neamhna an tsaoil.

FLIGHT

Today I undergo a mutation,
an itch on my skin, down and feathers
sprout from every pore,
white stockings tumble to my ankles
like the ruffled pantaloons of a Chinese hen
and half-bird half-woman
my wings spread wide
I hover in a turquoise blue sky.

My new form suits me,
the sun yellow as an egg yolk
playing on my burnished breast
I turn a deaf ear
to the screams of the child,
my man begging me to stay
that he will build me a nest in the garden
that he will drive the cat away.

The space widens between us,
the air thin as silk under me,
I bask in my birdhood
flying with scaldies and cuckoos,
crows and swallows
I cast my shadow on the man I love
far below with the child in his arms
their eyes squinting at me in the heavens.

In the high mountains faraway,
a craggy, boggy, lonely land
where legendary birds hatch
agate eggs in nests of spikenard
I seek them out in vain
but with no trace to be found

EITILT

Glacaim cruth difriúil chugam féin inniu,
tochas ar chraiceann, cleití is clúmh
ag sceitheadh as chuile phóir díom,
lóipíní bána síos go murnáin orm
mar phantalúin chlúmhacha
ar chearc Shíneach;
im leathéan, leathbhean,
mo sciatháin spréite amach,
ainlím i ngormthurcaide spéire.

Feileann mo chumraíocht nua dom,
an ghrian chomh buí le buíochán uibhe
ag cigilt ar luisne mo bhrollaigh,
an chluas bhodhar tugtha agam
do screadaíl an linbh,
d'impíocha mo chéile orm fanacht,
go ndéanfadh sé nead sa ghairdín dom
go gcuirfeadh sé an ruaig ar an gcat.

Méadaíonn an spás eadrainn,
an t-aer chomh tanaí le síoda fúm,
grianaím im éanachas,
ag eitilt i measc scalltán is cuach,
i measc préachán is fáinleog
ag caitheamh mo scáile ar mo chéile
thíos fúm, an leanbh ar bhacán a láimhe,
a súile ag stánadh aníos orm i mbuaic na spéire.

Sna sléibhte arda in imigéin,
i dtír chreagach, mhóinteach, uaigneach
mar a ngorann éin na scéalaíochta
ar uibheacha agáiteacha i neadacha spíocnaird,
cuardaím iad sna harda, sna fánaí
gan a ndath ná a dtuairisc a fháil.

I bed down in a nest of scraws
in the company of moorfowl and raven.

Is soiprím síos i nead scrathach
i ngnáthóg an fhiaigh dhuibh is an choiligh fhraoigh.

I Am a Werewolf Tonight

I am not at all surprised
when I see my soul
in the form of a grey wolf
slipping out of my body.
I am not at all surprised
when I feel the snow
beneath my four paws
and car headlights
blinding my eyes
on my way to the hills.

But I am surprised
by the emptiness in my belly,
the bareness of my ribs
when the wind combs
the fur back on them.
I wonder at the size of my mouth
how I salivate
at the smell of sheep
in the darkness
or when I hear a man whistle
from a farm in the distance.

Up in Killeshin keeping watch
on the edge of a wood,
a faint memory stirs in me,
so far back in my head
I can scarcely
bring it forward,
of the swiftness of the pack
on frosty nights,
the rhythm of our running,
the hunting of our prey
till daybreak.

IS *WEREWOLF* MÉ ANOCHT

Ní hionadh ar bith liom é
nuair a chím m'anam
i riocht mic tíre léith
ag sliodarnach as mo chorp.
Ní hionadh ar bith liom é
nuair a bhraithim an sneachta
faoi mo cheithre croibh
is ceannsoilse na gcarr
ag dalladh mo shúl
ar mo bhealach chuig na cnoic.

Ach is ionadh liom
an folúntas im bholg,
a loime is atá m'easnacha
nuair a chíoraíonnn an ghaoth
an fionnadh ar ais orthu.
Is ionadh liom méid mo bhéil
is na prislíní atá liom
nuair a airím boladh caorach
sa dorchadas
nó nuair a chloisim feadaíl fir
ar fheirm i bhfad uaim.

Thuas i gCill Oisín
ag faire dom ar imeall na coille,
borrann cuimhne fhann ionam
chomh fada siar im chloigeann
gur doiligh dom
a thabhairt aniar,
ar luaineacht na conairte
oícheanta seaca,
ar rithim ár reatha
ar sheilg ár gcreiche
go creapascal maidine.

There is no fear now
that I'll be caught offguard again
by the sweet music
with which I was once beguiled
to part with my skin
so that I stood naked,
a woman without protection,
in front of the elements
and a mob who scorned me
pelting me with stones.

It is no surprise to me
when I feel my muscles tense
ready to leap on my meal,
but I am surprised
when I suddenly stop,
think of you in bed
where I left you
covered under the electric blanket,
and I drown the glen with my howls.

Níl aon bhaol ann
go mbéarfaí gairid orm arís
le binneas an cheoil
lenar mealladh mé tráth
chun scarúint lem chraiceann
gur sheasas lomnocht
mar mhnaoi gan chosaint
ar aghaidh na sceirde
is dream le geis acu romham
ag crústach cloch orm.

Ní hionadh ar bith liom é
nuair a airím riastradh im chorp
is mé ag teannadh chun léimt
fá mo bhéile,
ach is ionadh liom
mar a stadaim go hobann
nuair a smaoiním ortsa sa leaba
mar a d'fhágas thú
clúdaithe faoin bpluid leictreach,
is iombháim an gleann le mo ghlamanna.

My House

Between the dim and the dark
my house floats on a border of trees.
Like liquorice sticks
the gable wood
candyfloss the flowers
that lie against the walls.

I hear the curtains chant
in a light breeze
that would scarcely stir a tree,
tendrils of ivy
twisting themselves
in a slow snaking
up the house.

And I am the witch
who doesn't light the oven anymore,
who doesn't lure children
with gingerbread and feather bed,
chewing on poems
from an attic window
and watching the road.

MO THEACH

Idir dall is dorchadas
snámhann mo theach
ar imeall na gcrann.
Mar bhataí liocrais
adhmad na binne
candyfloss na bláthanna
a luíonn i gcoinne tí.

Cloisim cantaireacht cuirtíní
in aithleá gaoithe
nach mbogfadh crann,
teannóga eidhneáin
ag cur casadh iontu féin
i lúbarnaíl chiúin
suas na fallaí.

Agus mise an chailleach
nach lasann oigheann a thuilleadh,
nach meallann páistí
le harán sinséir is leaba chlúimh,
ag múngailt dánta
ó fhuinneog thuas staighre
is ag faire bóthair.

Dirty Unknown Child Playing Outside my Door

Dirty unknown child playing outside my door,
I don't question if you bring me a symbolic message.
You amuse me since I never laid eyes on you before,
and if you were clean, no doubt you would be another child
someone who mightn't even come here.
Play in the filth, play!
I enjoy you being here, my eyes alone
getting pleasure from your presence.
It is far better in the first instance to see something
than to know of it
because to know is like never having seen
for the first time,
and never having seen for the first time
is to have only heard.

This child is dirty in a way that's different
to the other dirty children.
Go on play! Picking up a stone that fits in your hand,
you know that it fits in your hand.
What philosophy can arrive at a greater certainty?
None. And none can come and play outside my door.

PÁISTE ANAITHNID SALACH AG SÚGRADH LASMUIGH DEM DHORAS

Leagan Gaeilge de dhán le Fernando Pessoa

Páiste anaithnid salach ag súgradh lasmuigh dem dhoras,
ní cheistím an mbeireann tú teachtaireacht shiombalach
    chugam.
Bainim spórt asat toisc nár leagas súil ort cheana,
is dá mbeifeá glan ba pháiste eile thú gan amhras.
Duine nach dtiocfadh anseo fiú, ní nach ionadh.
Bí ag súgradh sa salachar, bí ag súgradh!
Mór mo mheas ort bheith anseo, mo shúile amháin
ag baint taitnimh as tú bheith ann.
Tá sé níos fearr den chéad uair rud a fheiscint ná bheith
    eolach air,
cionn is go gciallaíonn eolas is gan é a fheiscint den chéad
    uair.

Tá an páiste seo salach ar bhealach éagsúil ar na páistí
    salacha eile.
Lean ar aghaidh, bí ag súgradh! Ag piocadh aníos cloiche a
    oireann dod láimh,
Tá a fhios agat go n-oireann sé dod láimh.
Cén fhealsúnacht a thiocfadh ar chinnteacht chomh dearfa
    sin?
Ceann ar bith. Is fáilte roimh cheann ar bith súgradh
    lasmuigh dem dhoras.

THE ISLAND

This island belongs to me
these cliffs where cormorants fly,
the trees in fruit
bending to the water.
From the mist come boats
that will never find a landing place.

Like a churlish animal
the sea at my feet,
I hear its wakefulness,
its snarling in my ears
in the wind battered nights
before sleep comes.

This land suits me,
I blossom under its bounty,
without a wrinkle on my forehead,
my hair with no grey.
I send over the waves to you
the white steed of my desire
that I may share my kingdom with you.

Come and moisten my glens,
paddle my streams
and I will spend my time
honeying you,
I will feed you on berries,
everlasting fruit
that will quench your craving forever.

AN tOILEÁN

Is liomsa an t-oileán seo
na haillte úd
mar a n-eitlíonn cailleacha dubha,
na crainn faoi thorthaí
a lúbann go huisce.
As an gceo tagann báid
nach bhfaighidh lamairne choíche.

Ar chuma ainmhí dhoicheallaigh
an fharraige ag mo chosa,
airím a mhúscailteacht,
a dhrantán im chluasa
sna hoícheanta muirbhuailte
sula dtagann suan.

Oiriúnaíonn an ithir seo dom,
bláthaím faoina líonmhaireacht,
gan roic ar m'éadan,
mo ghruaig gan liath.
Scaoilim thar toinn chugat
each bán mo dhúile
go roinnfinn mo ríocht leat.

Tar agus taisligh mo ghleannta,
céaslaigh mo shruthanna geala
agus caithfidh mé mo sheal
ag cur meala fút,
beathóidh mé ar sméara thú,
caoróga na síoraíochta
a mhúchfaidh do chíocras go deo.

WAR

COGADH

THE LETTER

How could she flesh out
the bones of her memory,
the punctured shade
that fled from her pursuit
down the labyrinths of her mind?

She had the letter still –
his small handwritten scrap
from the school of musketry in Dollymount.
Before he went to Clapham
on a bombing course.

Where was the justice
that let his friends go off
after a three months' course!
Wasn't it great for his detachment
to be in the thick of battle now!

Days marched by
like the lead soldiers of boyhood,
passing in full force
while he killed time
with the gang in Moorepark.

Or at times in Aunt Florrie's parlour
he played cards and danced
surrounded by his young cousins
with little option
but to wait and wait.

The sun like a brass button
shining over the trenches
centered on the eyes of the dead,
on the shell of his crushed body
like a crab in a muddy grave.

AN LITIR

Conas a chuirfeadh sí feoil
ar chreatlach a cuimhne?
ar an scáil phollta úd
a d'éalaigh óna cuardach
síos gríobhán casta a meoin?

Bhí an litir aici fós –
mír bheag scríbhinne óna láimh
ón scoil mhuscaedaíochta i n*Dollymount*
roimh imeacht dó go *Clapham*
ar chúrsa buamála.

Cá raibh an chothroime
a lig dá chairde imeacht
i ndiaidh cúrsa trí mhí!
Nár mhéanar dá dhíorma
i mbéal an chatha anois!

Laethanta ag máirseáil thart
mar shaighdiúirí luaidhe a óige,
ag imeacht le líon slua,
is an t-am á mheilt aige féin
leis an dream i *Moorepark*.

Amanna i bparlús *Aunt Florrie*
le cluichí cártaí is damhsa,
col ceathracha óga ina thimpeall,
ní raibh anonn ná anall aige
ach feitheamh is feitheamh fós.

Cnaipe práis na gréine
ag lonrú os cionn trinsí
ag díriú ar shúile na marbh,
ar bhlaosc a choirp bhrúite,
portán in uaigh láibe.

BURIAL MOUND

On the stone floor of the cairn
the dead years lie
inert around us
as we lower ourselves
through a narrow passage
and take off like purblind things
on all fours;
you always in front
encouraging me
to press onwards
to the last burial chamber
and nothing there when we reach it
but a stone repository
filled with the remains of some badger
with notions of glory
a needle of light from the roof
sewing bright stitches
through her bones.

And then the way out
you again to the fore
going out of sight,
I am alone once more
in the gap of being born,
my body pliant
as if the bones were melting,
skin is as delicate
as bog cotton
my head stuck firm
encased in pelvic bones
and the doctor in his boat
amidst white seagulls
travelling west over blue seas.

CARN ADHLACTHA

Ar urlár leacach an chairn
blianta báite an tsaoil
ina dtost tharainn
íslímid sa chaolas
ag imeacht dúinn mar chaocháin
ar na ceithre boinn;
tusa i gcónaí chun tosaigh
ag sporaíocht orm
ag tathant orm brostú
chun an chillín dheireanaigh
is tada ann nuair a shroisimid é
ach iomar adhlactha
líonta le cnámha broic éigin
go raibh dúil i nglóir aici,
snáthaid solais ón díon
ag fuáil greamanna lonrachais
trína smiodair.

Ansin an bealach amach,
tusa arís chun tosaigh
ag imeacht as radharc,
táim aduain liom féin athuair
i mbearna mo bhreithe,
aclaí im chorp
mar a mbeadh leá ar chnámh
mo chraiceann chomh leochail
le ceannbhán móna
mo cheann pulctha
i gcuas na láirge
is an dochtúir ina bhád
i measc faoileán bán ag gliúmáil leis siar
thar fharraigí gorma.

My strength almost spent
I feel your hand
stretched towards me
pulling me to the grass
from the bowels of the earth
the wild pulses of the world
swinging in my ears,
royal dust of the aeons
spilling from my hair
my bones hardening
under your grasp
and my elemental scream
half-choked in my throat
pierces summer's cradle.

Mo neart beagnach tugtha,
mothaím do lámh
ag síneadh chugam
dom streachailt go féar
as ionathar talún
cuislí allta an domhain
ag luascadh im chluasa
luaithreach ríoga na n-aoiseanna
ag sileadh óm ghruaig
mo chnámha ag dul i gcruacht
faoi do ghreim
is mo scréach dhúileach
leath-thachta im scornach
ag polladh chliabhán an tsamhraidh.

CHILD SOLDIER

Dull-eyed face smeared
under a disguise of leaves
that tumble from his bandana,
he exterminates everything
that moves in his path
until he emerges like a dryad
from forest entanglement
and mountain fastness
on his journey from war to war,
camp to demobilised camp.

Moving in the open, he is unseen.
He might be a shadow on the land
where he walks unhurriedly,
like a tattered rattan palm
limp in the dead calm
after a missile attack from the sky,
or a shiver on the oatfield,
a whisper in the marram grass
on the shoreline.

Like an imagined shape,
he slips through town alleys
indifferent to the riots, confusion,
noise of the crowds that flee in panic
from the showers of exploding glass,
the buildings he has torched
a molten mass at their heels.

Body tense, forever on guard,
he will lie down tonight in a remote place
under a white bone of moon,
the days like hand grenades spinning
through his severed sleep

Leanbh Faoi Airm

Marbhshúileach, aghaidh smeartha
faoi bhréagriocht na nduilleog
a thumann óna *bhandana*,
bíobha báis é gach neach saolta
ag teacht sa bhealach air
go nochtann sé ar nós driad
as droibhéal coille is diamhra an tsléibhe
ar a aistear ó chath go cath,
ó champa go campa díslógtha.

Cé nach bhfuil sé folaithe, ní fheictear é.
D'fhéadfadh sé bheith mar scáil ar thalamh
ar a gcéimníonn sé go seolta,
ina ratán pailme giobalach
sleabhctha i gcalm téigle um nóin
théis ionradh diúrachta ón spéir,
ina mhionluascadh ar an ngort coirce;
ina mhonabhar sa mhuiríneach le hais na feorann.

Éalaíonn sé mar thaibhse síos scabhait na mbailte,
beag beann ar chíréibeacha, hulam halam
is gleadhradh na sluaite ag imeacht chun scaoill,
gloine pléasctha ina ceathanna tharstu,
foirgintí curtha trí thine aige
in aon deargchaor ina dhiaidh.

De shíor i bhfoimhdin, a chorp ar tinneall,
luífidh sé síos anocht in áit aistreánach
faoi chnámh bhán na gealaí, na laethe
mar ghranáidí láimhe ina nguairneáin thairis
is ina chodladh corrach trasnóidh sé
loig mhianach na hoíche ar thóir
a phobail dhíscithe féin is na cré bolgtha

where he crosses night's minefield
in pursuit of his own wiped out village,
the bulging earth where his mother lies,
his young sister in the commander's bed.

faoina luíonn a mháthair,
a dheirféar óige i leaba an cheannasaí.

War

Soldiers check their guns,
strap on ammunition,
snipers' bullets explode
east and west like seeds that scatter
from poppyheads in summer's torrid heat.
Streets are strewn with bullet-ridden corpses
wind and sun seeping through them.
She hides under the rubble of a wall,
the child in her arms
his mouth stuffed with a bit of rag
lest his cry might betray them.

Fear pierces her guts
like the forceps of childbirth
tearing and hoeing in the dark of her;
she would smother the child at her breast
wring his neck like a chicken's
before she would let them have him,
but she feels her strength ebbing,
her body a slab of meat on the butcher's block,
her mind confused, whirling
as in the black depth of a swallow-hole.

Little did the soldier expect to see her
when he stopped, the light behind him
to piss against the wall
and saw her lying amongst street rubbish
looking away from him,
the scrap of a child pressed to her,
her body quaking and twisted
like a candle-stub guttering.
It seemed to him that he had little choice
but to put a bullet through them both.

COGADH

Saighdiúirí ag seiceáil a ngunnaí,
ag strapáil a lóin lámhaigh orthu,
piléir na snipéirí ag pléascadh
soir siar mar shíolta ag spré
as cinn phoipíní i mbrothall samhraidh
Sráideanna breac le coirp chriathraithe
ar scaoileadh gaoth is grian tríothu,
is ise i bhfolach faoi bhrúisc de bhalla,
leanbh ina baclainn,
a bhéal pulctha le liobar éadaigh
ar fhaitíos go sceithfeadh a bhéicíl orthu.

Pollann an sceimhle a hionathair
mar a bheadh teanchairí beireatais
ag stracadh is ag grafadh ina doirche;
mhúchfadh sí an leanbh ina hucht,
chasfadh sí a mhuinéal 'nós sicín
sula scaoilfeadh sí leo é,
ach go n-airíonn sí a neart ag trá,
a corp mar shlaimice feola
ar cheap búistéara; a haigne
ar mearbhall, ina guairneán
i nduibheagán poill súraic.

Beag an tsúil a bhí ar an saighdiúir léi
nuair a stad, an solas taobh thiar de,
chun a mhún a dhéanamh i gcoinne balla,
is chonaic í ina luí i measc bhrúscar na sráide
ag amharc i leataobh uaidh,
an draoidín linbh fáiscthe léi,
a corp chomh tonnach dualach
le húsc coinnle ag leá.
Beag an rogha a bhí aige, dar leis,
ach urchar a chur tríothu beirt.

PROVOCATION

Ten years she endured his violence
terrified to close an eye
from the time he had threatened
to kill her in her sleep.
Night after night put in,
the heart scared out of her,
almost giving up the ghost,
him reducing her to a pulp
with kicks and clouts.

One day she said to her friend,
'I'm going to kill him'. And she did.
She sank a knife to the hilt in his belly
on a bright spring morning,
the remains of the breakfast
in a mess on the kitchen table
and he throttling her with the tights
she had washed the night before.

'Come, come', said the judge in the court of law
imposing a life sentence on her,
'Why didn't she walk out?
Why didn't she run up the stairs?' he said.
'Why did she sharpen the knife beforehand?
We cannot established a precedent
that permits women to get their rights by force.
It was with aforesaid malice
that she performed this deed
and without doubt she is guilty'.

Gríosú

Deich mbliana ag broic le foréigean uaidh,
eagla uirthi súil a dhúnadh
ón uair a bhagair sé
go maródh sé ina codladh í.
Oíche i ndiaidh oíche curtha di
an croí scanraithe inti
an t-anam ag téaltú aisti
is é ag déanamh smúsaigh di
ag tabhairt bharr na bróige
is langaire a bhoise di.

Dúirt sí lena cara lá,
'táimse chun é a mharú'. Agus dhein.
Rop sí scian go feirc ina bholg
lá geal earraigh,
dríodar bricfeasta
ina fhudar fadar ar bhord na cistine
is é á fholathachtadh
leis na *tights* a nigh sí oíche aréir.

'Seo, seo', arsa an breitheamh i gcúirt dlí
ag cur príosún saoil uirthi,
'cén fáth nár shiúil sí amach?
Cén fáth nár shiúil sí suas staighre?' ar seisean.
'Cén fáth gur chuir sí faobhar ar scian roimh ré?
Ní féidir linn nós a bhunú
a ligfeadh dos na mná
ceart a bhaint amach le lámh láidir.
Is le mailís réamhcheaptha
a dhein sí an gníomh seo
is gan amhras tá sí ciontach'.

EXPOSÉ

The story out on him,
the extent of his abuse of children
over the long years spread from mouth to mouth,
they drew a cloak around him to shield him.
And now the child, in the polished convent parlour
betrayed by the nuns' accepting
the priest's visits to her,
when they knew what was going on.
But no sound was heard from the closed room,
the pathetic screams of the girl stifled by him
when he, like a fierce sparrow hawk
pierced the pigeon in his talons.

They moved him from country to country,
diocese to diocese,
city to city,
where he prowled school corridors,
and hospital wards
in search of his prey,
warrant after warrant on him
deferred, waiting for an answer.

There is little heard these days
from the monastery on the hill
but the keening wind
under the eaves,
the abbot who sheltered the errant priest
befuddled by the problem
retired from his position,
a new abbot installed
begging our forgiveness.

NOCHTADH

An scéal amuigh air,
méid na mí-úsáide a bhain sé as páistí
thar na blianta sceite ó bhéal go béal
dhruideadar ina bhfalang timpeall
chun fóirithinte air.
Is anois an páiste i bparlús snasta an chlochair
ar ar imir na mná rialta feall
ag glacadh le cuairteanna an tsagairt uirthi
nuair ab fheasach dóibh cad a bhí ar siúl.
Is gíog ná míog ní raibh ón seomra iata sin,
scread léanmhar an chailín maolaithe aige
nuair a thráigh sé í, spioróg fhíochmhar
le colúr ina chrúcaí.

D'aistríodar ó thír go tír é,
ó fhairche go fairche,
ó chathair go cathair,
eisean ag smúrthacht thart
ar dhorchlaí scoile
is bardanna ospidéil ar thóir a chreiche
barántas i ndiaidh barántais air
scaoilte thart ag feitheamh ar fhreagra.

Níl smid le cloisint na laethe seo
ón mainistir ar an gcnoc
ach éagaoin na gaoithe
faoi na sceimhleacha;
an t-ab a thug dídean don sagart in earráid,
mearaithe leis an gceist,
éirithe as a phost,
ab nua i réim ag impí maithiúnais orainn.

BARBED WIRE

Here you are now, the sun shining
on the smithereens of your bones
spread thickly on a tin tray
garishly decorated
with yellow sunflowers.

I watch your close relatives
in a straggling group,
like some spectral thing treading
the grassy topped esker
without leaving as much as a footprint.

Like flocks of gulls, the days, the months
and years descend on us
wiping out unerringly
any memories or echoes of your youth
you thought were hovering around the place.

Only a small group of mourners leave the height,
taking it on themselves
to crouch under the barbed wire
carrying your ashes
down to the sea.

I look at the barbed wire,
tufts of sheep's wool entangled there,
hear again your barbed tongue in argument,
how we used to yield to you,
and how we yield yet to your will.

SREANG DHEILGNEACH

Seo anseo thú, grian ag taitneamh
ar smionagar do chnámh
spréite go tiubh ar thrádaire stáin
maisithe go scéiniúil
le lus buí na gréine.

Fairim ar do neasghaolta
ina ngasraí streachlánacha,
ar nós neach síofrúil ag siúl
an fhéir ar bharr na heasrach
gan oiread is rian coise a fhágaint.

Ar chuma ealta faoileán, tuirlingíonn
na laethe, na míonna, na blianta tharstu,
ag scríobadh amach gan iomrall
pé cuimhní is macallaí ded óige
a mheas tú bheith ar foluain fán tír.

Ní fhágann ach scata beag an aoirde,
ag cur duainéise orthu féin
dul faoi shreang dheilgneach
do chuid luaithrigh á n-iompar acu
chun na farraige síos.

Breathnaím ar an tsreang dheilgneach,
dlaoithe olann caorach i bhfostú ann,
is cloisim arís an deimheas chun aighnis
a bhíodh ort, mar a ghéillimis romhat
is mar a ghéillimid fós de réir do thola.

VISIT TO GALLIPOLI, 25 MAY 1990

I would rather watch
the dolphins at play
in the sea beside me
or the swallows arrowing
under the war memorial,
than cast an eye on the slow march
of an army of young men's names
across a marble slab
in the heat of day.

I would rather forget
the expedition of the Anzacs
in their rowing boats
under firing range of the Turks
with the land in sight
and their bodies without burial
the length of three years
without a scoop of earth
between them and the sky.

But the hills bulge
with the tumult of their bones
where Mehmet and Johnny lie
in an eternal embrace
and each mourning tree
is a dead soldier
in the rows of elegiac cedar.

Like May beetles
that flee from disturbance
I would rather escape
from the enormity
of the slaughter
but I am like a sleepwalker

Ba thúisce liom breathnú
ar chluichí na ndeilfeanna
san fharraige taobh liom
nó saighdiú na bhfáinleog
faoin meabhrachán cogaidh,
ná súil a leagan ar mharbhshiúl
ainmneacha chathláin d'ógfhir
ar leaca marmair
faoi theas an lae.

Ba thúisce liom dearmhad a dhéanamh
ar shluaíocht na n*Anzac*
ina mbád rámhaíochta
faoi raon mhudha na dTurcach
ag teacht i dtír
is ar a gcoirp gan adhlacadh
ar feadh trí bliana
gan scaob créafóige
idir iad is spéir.

Ach boilsceann na cnoic
le dlúithe a gcnámh
mar a luíonn *Mehmet* is *Johnny*
ina mbarróg bhuan
agus is saighdiúir marbh
gach crann caointe
sna sraitheanna céadrais
ag déanamh marbhnaí.

Mar phriompalláin samhraidh
a eitlíonn ó chorraíl
ba thúisce liom éalú
roimh ainmhéid an áir
ach is suansiúlaí mé

scarcely able to drag my feet
groping my way from grave to grave.

gan tarraingt na gcos ionam
ag méarnáil mo bhealaigh
idir uaigh is uaigh.

ARABIAN NIGHTS

A take on Byron's lament for the Parthenon. What the Ba'athists didn't destroy, the Americans and Poles did. Their original effort to protect the ancient site of Babylon wound up doing more harm than good.

An oily mist hangs over cities,
over groves of date palms,
pomegranate and tamarisk,
night after night
aeroplanes whine
their lullaby to children,
people sliced with exploding shells
lie dead under the rubble of houses,
corpses piled in mortuaries and freezers
wait for relations to claim them.

The music of the land is stilled,
the voice of the *muezzin* silenced,
the bread ovens cold
as new invaders cross the Tigris
laying waste the country
just as *Xerxes, Darius* and *Alexander*
once pillaged it
on their way to conquer the world.

Ancient sites are levelled
as landing sites for helicopters.
Thousands of sandbags are stuffed
with old bones, bits of old pottery
bricks prised out from triumphal arches
thrown aside for clearance
one with a cuneiform inscription –
Nebuchadnezzar, king of Babylon
provider for Esagila and Esadila,
eldest son of Nabopollazzar,
I am king of Babylon.

OÍCHEANTA ARABACHA
Quod non fecerunt Baathi, hoc fecerunt Americani Polonique.
(athleagan ar a ndúirt *Byron* ag caoineadh scrios an *Parthenon*).

Ceo bealaithe olúil
ar foluain os cionn cathracha,
os cionn pailmeacha dátaí,
pomagránaití is tamaraiscí,
oíche i ndiaidh oíche
geonaíl na n-eitleán
ina suantraí do pháistí,
daoine gearrtha ag smionagar sliogán,
adhlactha faoi mhionrabh a dtithe;
coirp ar mhuin mhairc a chéile
i marbhlanna is reoiteoirí
ag feitheamh ar dhaoine
a mhaífeadh gaol leo.

Tá ceol na talún múchta,
guth an *muezzin* tachta,
na hoighinn aráin fuar,
dream nua tar éis an Tigris a thrasnú,
ag bánú na tíre
mar a bhánaigh
Xerxes, Darius is Alastair é tráth
ar a mbealach chun an domhan a smachtú.

Láithreáin ársa leacaithe,
ina n-ionad tuirlingthe ingearán anois,
na mílte mála gainimh stuálta
le cnámha, blúirí seanphotaireachta
brící tochailte as áirsí mórshiúlacha
caite ar leataobh i gcarn carta,
inscríbhinn dhingchruthach ar cheann amháin –
Nebuchadnezzar, rí na Baibealóine
a sholáthraíonn do Esagila is Esadila,
mac is sine Nabopollazzar,
mise rí na Baibealóine.

AGEING AND DEATH

SEANAOIS AGUS BÁS

The Sea's Claim

I walk between two seas
on my right, one as calm as a pond,
rough breakers on my left.
I sense eyes that never close
searching far and near.

Blind eyes of old lookouts
evenly spaced along the shore,
gentle eyes of an immense Christ
at the pierhead, his back to the land
staring blankly out to sea.
Sharp electronic eyes
scan every recess and small inlet.

I see the graveyard on the hill
where they lie
three deep
one on top of the other
in the red earth,
the wetbacks from Africa
who fled their own country
in boats not seaworthy
with a dream of a promised land
they could see on the horizon.

I imagine them like bladderwrack,
their dreams drowned with them
in the midst of jetsam and bickering gulls
on the bright beaches of *Tarifa;*
the blind eyes of the old lookouts
indifferent to them,
the mild-eyed Christ heedless,
the electronic eyes forever checking
that not a soul escaped
down the narrow streets of the port town.

A Cuid Féin ag an bhFarraige

Ag siúl dom idir dhá mhuir,
ar mo dheis chomh ciúin le linn,
bristeacha garbha ar mo chlé,
airím súile nach dtagann iamh orthu
ag cuardach abhus is thall –

Súile caocha seanphost faire
fad áirithe ó chéile ar an gcladach,
ciúinroisc Chríost ollmhóir
ag bun na cé, a dhroim le tír
ag folamhstánadh thar farraige,
biorshúile leictreonacha ag iniúchadh
chuile chuas is góilín mara.

Chím an reilig ar an gcnoc
mar a luíonn siad
i ndoimhneacht triúir,
duine ar mhullach duine
sa chré dhearg,
na *wetbacks* ón Afraic
a d'éalaigh óna dtír féin
ar an doimhneas i mbáid lochtacha
i ndúil go sroisfidís tír tairngire
a bhí le feiscint ag bun na spéire.

Samhlaím iad mar fheamainn ghaoithe,
a gcuid brionglóidí báite leo
i measc muirchuir is allagar na bhfaoileán
ar thránna geala *Tarifa*;
súile caocha seanphost faire
ar nós na réidhe iontu,
ciúinroisc Chríost beag beann orthu,
na súile leictreonacha ag síorsheiceáil
nár éalaigh duine ná daonnaí
síos sráideanna cúnga an bhaile poirt.

MISSING

There will be no relief for me
until the day I find his body,
whatever remains are left of my son
after flaying storms and scavenging birds.

I take little consolation from the rambling talk
of those who say he is alive;
who say he will return to me,
that he is only sowing his wild oats.

Well I remember how I sensed
the unexpressible unease of violent death
hovering like a dark cloud above the grassy shore
where they came upon his car.

These days I walk the dunes
searching tuft after tuft of marram grass.
I leave no driftings or cast-up seaweed unturned,
no cavity or hollow place unsearched.

I who must avert my eyes from even a baby seal
dead at the water's edge
who must turn from a young seagull flattened into the sand,
what will I do with the sturdy child of my flesh?

Every day without finding him is a nightmare
with me crazed by his voice calling me
from some cave I can't pinpoint,
his echoes circling me until they find
their grave in my own body.

AR IARRAIDH

Forás ná faoiseamh ní bheidh agam
go dtiocfad lá éigin ar a chorp,
pé fuílleach nó cnáfairt dem mhac a bheidh ann
théis fheannadh na doininne is éin chreiche na mara.

Is suarach an sólás dom fánaireacht chainte
iad siúd a mhaíonn go bhfuil sé beo;
a deireann go bhfillfidh sé chugam,
nach bhfuil ann ach gur scoitheadh a óige de.

Maith is cuimhin mé mar a d'airigh mé
míshuaimhneas do-inste an anbháis
amhail néal dorcha ar foluain os cionn
na feoirinne mar ar thángthas ar a charr.

Ag siúl na duimhche dom na laethe seo
cuardaím an mhuiríneach dó ina dtom is ina dtom;
ní fhágaim turscar ná feamainn trá gan iompú,
poll ná pollán sna carraigeacha gan féachaint ann.

Mise nach bhfuil in ann siolla dem shúil
a thabhairt ar an éan róin marbh i mbéal an uisce
a chasaim ó ghogaire ina leircín sa ghaineamh,
cad a dhéanfad le broicleach linbh mo bhroinne féin?
Ach fós, is tromluí gach lá nach dtagaim air
is mé ar mearbhall lena ghuth ag glaoch orm
ó phrochóg nach dtig liom a fháil,
na macallaí dom thimpeallú go n-aimsíonn
a uaigh laistigh díom féin.

CRADLE DEATH

And how many long nights
might she spend like this
wide awake listening
to the savage dark
that stirs with killers
with poachers, trappers,
badger baiters,
her room swelling
with the image of her child,
her guts echoing still
with the pains of childbirth.
And hushabye, hushabye,
her lovely baby
in death's landing-net
a month away from child-bed.

BÁS I GCLIABHÁN

Is a liacht oíche fhada
a chaithfeadh sí mar seo
ag éisteacht gan chodladh
le duáilceas an dorchadais
a chorraíonn le básairí,
le póitseálaithe, gaisteoirí
is baoiteálaithe broc,
a seomra ag borradh
le samhailt a linbh,
a putóga ag creimeadh fós
le freangaí a bhreithe
is seoithín seothó a leanbh gleoite
i mbradóg an bháis
mí ó leaba an luí aici.

EMPTINESS

She was like an old spider
in her nest at the top of the stairs
listening to the house sounds,
shifting timbers, the noisy cistern
and the odd unheeding footstep.
The room held the hoard of years,
dresses her daughters had sent from LA,
her mother's sweet chiming clock,
the picture her grandmother painted
in her finishing school in Belgium,
her sisters in old sepia prints,
blessed candles and white sheets
in a cardboard box under the bed.

Now the room is cleaned out,
fresh curtains blow in the breeze,
the dressing table mirror
reflects plastic daisies.
The room empty.

FOLÚS

Bhí sí mar sheandamhán alla
ina nead ag barr staighre
ag éisteacht le fuaimeanna tí,
bogadh adhmaid, an sistéal glórach
is corrchoiscéim fháilí.
Seomra carnaithe le bailiú na mblianta,
gúnaí a sheol a hiníonacha ó LA,
clog binn clinge a máthar,
pictiúir éan a dhein a máthair mhór
i scoil mhíneadais sa Bheilg,
drifiúracha i ngrianghraf donnrua,
coinnle beannaithe is braillíní bána
i gcairtchlár faoin leaba.
Anois tá an seomra glanta amach
gach tásc dá seilbh imithe,
cuirtíní nua ag séideadh sa ghaoth,
scáil nóiníní plaisteacha
i scáthán an chláir mhaiseacháin
an seomra folamh.

IMMORTALITY

A spadeful of soil I dig
from a garden in spring
holds a million years
on its sharpened blade
revealing a world between
where life burgeons
budding from death.

I peer into its darkness,
aware of the medley
of roots and grasses,
the ants and worms
that lived and worked
to make the earth porous
for air and water.

I open my parents' grave,
the quilt over my forbears
who cultivated land like this
under a cold northern sun.
I see their silken souls
like fine threads
drifting apart.

Ash Wednesday faces
float towards me
from the nuns' chapel,
from abject churches under purple,
ashes to ashes and clay to clay
and starlings bathe
in my body's dust.

We whose bones are made
from the dust of stars,
who carry in our wombs

NEAMH-MHARBHACHT

Scaob ón ithir a ghearraim
as gairdín Earraigh,
iompraím milliún bliain
ar a bhfaobhar,
ag nochtadh idirdhomhain
ina mborrann beocht
eascartha ón nbás.
Gliúcaim sa dorchadas,
ag aithint phrácás
na bhfréamhacha is na bhféar,
na seangáin is na péisteanna
a mhair is a d'oibrigh
chun póiriúlacht a dhéanamh
d'aer agus d'uisce.

Osclaím uaigh mo thuistí,
an chuilt os cionn mo shinsir
a shaothraigh talamh mar seo
faoi ghrian fhuar thuaisceartach.
Chím síoda a n-anamacha
mar shnátha leochaileacha
ag síothlú ó chéile.

Aghaidheanna Chéadaoin an Luaithrigh
á dtabhairt orm
ó shéipéil na mban rialta
ó eaglaisí aithríocha faoi chorcra,
luaith go luaith is cré go cré
is druideanna ag folcadh
i bpúdar mo choirp.

Muidne a bhfuil ár gcnámha déanta
de dheannach réalta
a iompraíonn inár mbroinnte

the salt of ancient seas
will know immortality
in the permanence of clay
between rock and grass.

salann farraigí ársa,
gheobhaimid neamh-mharbhacht
i mbuaineacht cré
idir carraig is féar.

THE HIBISCUS

She found it hard to settle into her daughter's house
what with the untidiness, deafening clamour
of the kids fighting with each other; on the phone
endlessly talking, the dog's hairs
everywhere she sat and the budgie
landing on her plate in search of a beakful.

The move to the city had been hard,
she who had experienced a lifetime in a country town.
The young starlings would be well practised
in their flying by now; the hawkmoths
sucking August's honey from the petunias
and the owls hooting nightly in her old garden.

Why doesn't God take me? she used to say
in moments of despair, her strength failing her,
retreating into herself, lost in a straggle of thoughts
where she could go astray
with no friend, no voice in the house to answer her
but the sound of the budgie imitating her.

She never complained lest she be banished.
Hadn't her daughter just saved her from *Death Row,*
her name for the nursing home where her husband
had died only a year and a half ago. Well she remembered
the dark bruises on his dead face in the coffin,
the guilty face of the nurse when she questioned her.

She felt like a potted hibiscus in a glasshouse
her flowers as red as poppies
in the fields; the trumpet of her petals opening
in the morning, falling to the window ledge after a day.
One day her own petals would be seen closing
one after the other, folding so tightly on their stamens
you couldn't part them without tearing.

AN HIBISCUS

Ba dhoiligh di cur fúithi i dteach a hiníne
idir an méid míshlachta, callán cainte
na ngalrach in achrann lena chéile, ar an bhfón
gan sos gan staonadh, fionnadh an mhadra
i chuile áit ar shuigh sí is an pharaicít
ag tuirlingt ar a pláta ar thóir goblaigh.

Ba dhoiligh di an t-aistriú go dtí an chathair,
ise nár thaithigh ach baile tuaithe feadh a saoil.
Bheadh na druideanna óga cleachtaithe
ar an eitilt anois; na seabhacleamhain
ag diúl milseacht Lúnasa ó na pitiúinia,
is na hulchabháin ag glaoch istoíche ina seanghairdín.

Tuige nach dtógann Dia mé? A deireadh sí
uaireanta a dearóile í ag titim i mbrí,
ag caolú uaithi féin, leathmhúchta i sreoille smaointe
ina bhféadfadh sí dul ar seachrán,
gan cara gan guth sa teach a d'fhreagródh í
ach an pharaicít ag déanamh aithrise uirthi.

Húm ná hám ní raibh aisti d'eagla go ndíbreofaí í.
Nach raibh a hiníon théis í a shábháil ó *Death Row*,
mar a ghlaoigh sí ar an dteach banaltrais inar éag
a céile bliain go leith ó shin. Maith ba chuimhin léi
na brúnna dubha ar a aghaidh mharbh sa chónra
is gnúis chiontach na banaltra roimh a ceisteanna.

Bhraith sí ar chuma *hibiscus* potaithe i dteach téacháin
a blátha chomh rua le cailleacha dearga
na bpáirceanna, trumpa a piotail ag oscailt
·ar maidin, ag titim go leac fuinneoige i ndiaidh lae;
chífidís lá éigin a piotail féin ag dúnadh ceann
ar cheann, á bhfilleadh chomh dlúite ar an staimín
nach dtiocfadh leo iad a scaradh ó chéile gan stracadh.

THE GRAVE

My father said, *your mother has come,*
and you were there
in a blue forties' dress
your relations around you.

You didn't return my delight,
kept your distance from me.
I sensed the grave in your bearing,
the chill of your company.

I didn't understand that other day
from the distant look in your eyes
in crowded Christmas streets,
our arms full of parcels.

Down steps to a basement door
I never saw you trip,
until like *Alice in Wonderland*
you vanished down a hole

with me frozen and bewildered,
staring after you,
too late with a helping hand
and my parcels clutched to my heart.

AN UAIGH

Dúirt m'athair, *Tá do mháthair tagtha*,
agus bhí tú ann
i ngúna gorm na ndaichidí
do ghaolta i do thimpeall.

Níor aithin tú méid mo ríméid,
choinnigh tú uait amach mé.
Mhothaigh mé an uaigh i d'iompar
agus i bhfuacht do chaidrimh.

Níor thuig mé an lá úd
as cianfhéachaint do shúl
i sráideanna plódaithe na Nollag,
ár lámha lán le bearta.

Síos céimeanna go doras íoslaigh
ní fhaca mé do thuisle,
ach mar *Alice* i dTír na nIontas
dheifrigh tú síos poll.

Mise im dhallachán reoite
ródhéanach ag stánadh i do dhiaidh
gan lámh chuidithe le tabhairt
is mo bhearta teannta le mo chroí.

THE SOLITARY NEIGHBOUR

Leaning out of my window
not a sound out of me
I watched him pruning
lonely roses
in a garden where the sun never shone.

If he had looked upwards
only one time
the magic spell would have been broken
and me put to flight –
but he didn't.

Like Dracula without a cloak
the rim of his felt hat
pulled down,
he used to walk the street at night,
slipping in and out through shadows.

Look at the poor unfortunate,
the grownups used to say,
so loyal to his dead bride
he keeps a garden to her memory.
That's love! That's love!

But they didn't see his fingers
like white maggots caressing his roses.
They didn't see how
he snapped the neck
of every flower that wilted under his hands.

They didn't see the bright girl
grafted to the rose tree
to keep her imprisoned.
They didn't hear her weeping
in a garden where the sun never shone.

COMHARSA AONARÁNACH

Claonta amach óm fhuinneog
gan gíog asam
d'fhaireas air ag teascadh
rósanna uaigneacha
i ngairdín nár shoilsigh grian.

Dá mbreathnódh sé in airde
ach an t-aon uair amháin
bheadh an slám draíochta briste
na scoiteacha curtha ionam –
ach níor dhein.

Cosúil le Dracula gan chlóca,
bos a hata feilte tarraingthe anuas,
shiúladh sé oícheanta
ag sleamhnú soir agus siar
trí scáileanna sráide.

Féach an t-ainniseoir bocht,
a deireadh na daoine fásta,
é chomh dílis dá bhrídeach mharbh
go gcoimeádann sé gairdín
ina honóir. Sin grá! Sin grá!

Ach ní fhaca siad a mhéara
ar nós crumhóga bána
ag muirniú a rósanna. Ní fhaca siad
mar a bhain sé snap as muinéal
chuile bhláth a d'fheoigh faoina láimh.

Ní fhaca siad an cailín geal
nódaithe ar rósóg
chun í a choimeád i mbraighdeanas
is níor chuala siad í ag caoineadh
i ngairdín nár shoilsigh grian.

PHOTO OF YOUR ANCESTORS

Dressed up in their Sunday best from another age,
frozen without the hint of a smile on anyone,
they stare out from an arrested moment;
the father with beetling brows sits in the centre
swelling with importance like one of the gentry,
the mother, in a too-tight bombazine dress
stands behind in the second row trying to hide
amongst her nine grown up children.

I pore over them person by person
and not a single expression betrays anything of their lives.
Did the boys hear the call to arms,
were they deaf to the drums of war,
did they plough the land under a rainbow,
sprawl drinking tea in the shade of a haycock,
was the father sad in the dead of night
turning the earth over his stillborn babes?

And herself, his wife looking sour and defensive,
had they been bickering that day.
Had he spurned her or why didn't she sit beside him?
You would think the girls would have been married by now
with their own homes instead of their looks being their dowry
they played around with matchmaking;
all the land divided into three lots
and willed to the lads.

I think your ancestors have been lodging here too long
day after day laid out on tables, on beds,
on window sills drawing our eyes towards them,
time for you now to banish them from the land of the living.
I'm not asking you to drive stakes through their hearts
but to rebury them in the coffin-drawer they came from
for there is no speculation about them we make today
that can hold any weight,

Gafa ina gcuid éadaigh Domhnaigh in aois eile,
reoite gan fáthadh an gháire ar aon duine acu,
stánann siad amach as nóiméad stalcaithe;
an t-athair faoi mhalaí púiceacha ina shuí sa lár
ag borradh le mórchúis amhail duine de na boic mhóra.
An mháthair, gúna bombaisín rófháiscthe ar a cabhlach,
ina seasamh laistiar sa dara sraith ag iarraidh folú
i measc a naonúr clainne fásta.

Iniúchaim iad duine ar dhuine
is níl oiread is smid as béal amháin faoina saol.
Ar airigh na buachaillí an ghairm slógaidh,
an raibh siad bodhar ar na drumaí cogaidh,
ar threabhaigh siad an talamh faoi bhogha ceatha,
ar luíodar ag ól tae faoi scáil choca féir,
an raibh cumha ar an athair i gcoim na hoíche
ag cur a mharbhghinte faoin úir?

Is í féin, a bhean, cuma dhúr sheachantach uirthi,
an raibh siad in achrann lena chéile an lá úd.
Ar cuireadh an ruaig uirthi nó tuige nach suífeadh sí leis?
Ba chóir do na cailíní bheith pósta um an dtaca seo shílfeá,
i mbun a dtithe féin in ionad a spréanna i gclár a n-éadan acu.
is iad ag faoileáil timpeall ar chleamhnaistí;
fearann agus fód roinnte i dtrí ranna
is fágtha le huacht ag na leaideanna.

Sílim go bhfuil do shinsir ar lóistín linn rófhada
lá i ndiaidh lae iad sínte amach ar bhoird, ar leapacha
ar leaca fuinneoige ag tarraingt aire ár súl orthu,
é in am agat anois iad a ruaigeadh ó fhearann seo na mbeo.
Nílim ag iarraidh ort sáiteáin a shá trína gcroíthe
ach iad a adhlacadh arís sa chónra-tarraiceán as a dtáinig siad
nó níl tuairimíocht a dhéanfaimis inniu fúthu
gan dul amú éigin ag gabháil leis

and since you resurrected them they have taken
possession of you and the house
their voices like cuckoos in May
coaxing you from the dim groves of time,
the spark of life that you fanned in them
filling the computer screen
breaking in waves on the shores of your sleep
their features on an eternal tide coming and going.

is ó d'athbheoigh tú iad táid i ndiaidh seilbh
a ghlacadh ortsa agus ar an teach,
a nguthanna mar chuacha Bealtaine ag glaoch,
dod mhealladh ó gharráin dhoiléire ama,
spréach na beatha a d'fhadaigh tú iontu
ag líonadh scáileán an ríomhaire
ag briseadh i dtonnta ar thrá do chodlata
a gceannaithe ar thaoide shíoraí
ag teacht is ag imeacht.

Unbaptised Babies

We come upon them in their hidey holes
where they were buried by lantern light
under night's dark cover,
in unconsecrated ground
on boundaries of the land,
margins of the sea,
under hedges on the verge
of old burial grounds.

These were babies born outside of wedlock,
babies who were stillborn,
babies who were choked to death,
who were killed with a knitting needle,
smothered with bolsters;
lost, buried, forgotten,
erased from memory forever.

They are present everywhere,
reappearing in the digger's scoop of clay,
in the foundations of new roads
their small bones in a heap
thrown on top of one another
searching for recognition and burial.

The bishops, clergy and the just
try to excuse the times that were in it,
offering Masses and prayers in reparation,
symbolic baptism in waters blessed by the church,
but I know the babies have no release
as I don't see a change in them,
just one of misery as they hover
like a marsh light over the bits of sod and clay
that covered them from the beginning.

Leanaí gan Bhaisteadh

Tagaimid anall orthu ina gcró folaigh
mar ar adhlacadh iad faoi sholas lóchrainn,
i gcoim na hoíche dorcha,
i dtalamh neamhchoiscricthe
ar chríochanna tíre,
ar chiumhaiseanna na farraige,
faoi chlaíocha ar imeall cealdraí.

Seo na leanaí saolta lasmuigh den chuing,
leanaí a rugadh marbh
a fuair bás den tachtadh ag an mbreith,
a maraíodh le biorán cniotála,
a múchadh le ceannadhairteanna;
caillte, curtha, dulta i ndearmad,
i ndíchuimhne go broinne an bhrátha.

Tá a gcuid láithreacha i chuile áit,
ag aiséirí i scaobanna tochaltóra
ó bhunsraitheanna bóithre nua,
a gcnámha beaga ina gcarnaibh
ar mhuin mhairc a chéile
ag lorg aitheantais is adhlactha.

Gabhann easpaig is cléir is fíréin
fiche leithscéal mar gheall ar ar tharla dóibh
ag ofráil Aifrinntí is tionól urnaithe ar a son
á mbaisteadh le huiscí beannaithe eaglasta
ach tá a fhios agam nach bhfaigheann siad fuascailt
mar nach bhfeicim aon chló orthu
ach cló na hainnise is iad ar foluain
mar thine ghealáin thart ar na blúirí
de scraithín is chré a chlúdaigh ón tús iad.

IN THE NUNS' GRAVEYARD

A watchful yew tree
clings to the earth
with twisted roots,
the nuns' graveyard sleeps
under the shade of the cathedral,
small black crosses
the roosting place of wrens,
unaware of the bells
that regulate life
or the shouts of children
from the playground …
I pity you
who can't smell fresh bread
can't see wrens
can't hear Tom's spade
in the vegetable patch.
You pity me, perhaps
that my soul is a caged bird
with no skies to fly.

I REILIG NA MBAN RIALTA

Crann faireach iúir
ag greamú talún
le fréamha camtha,
reilig na mban rialta ina suan
faoi scáth na hardeaglaise,
croisíní dubha iarainn
fara dreoilíní,
gan aird ar chloigíní
rialaithe na beatha
ná gártha na ndaltaí
ón áit súgartha …
Trua liom sibh
nach mbolaíonn arán úr,
nach bhfeiceann dreoilíní,
nach gcloiseann spáid Tom
i ngarraí na nglasraí.
Trua libh mise b'fhéidir
gur éan i gcliabhán m'anam
gan spéartha le heitilt.

IN THE GRAVEYARD

It is business as usual in the graveyard this morning.
The stonemasons' vans parked
on the narrow pathways between graves,
the clank of the gravediggers' spades
hitting pebbles in the clay.
A man well wrapped up against the cold
sits on a kitchen chair
engraving a new name on a headstone.
I hear the short blows of hammer on chisel –
as a thrush might beat a snailshell on stone.

I think of you the way you used to grip
the arms of your own chair
challenging death to budge you.
Even at your burial in this graveyard
the grave yawning before you,
you wouldn't give up this life
but a piercing look in your eyes,
you stood among the mourners
watching your widow
who never shed a tear.
And look at you now on your knees
beside me, grave gardening,
your trowel amidst blue hyacinths and primroses.
Are you never going to take a rest?

SA REILIG

Gnó mar is gnách sa reilig ar maidin.
Veaineannaí na saor cloiche páirceáilte
ar chosáin chúnga idir na huaigheanna,
cling-cleaing spáideanna na reiligirí
ar spallaí sa chré,
fear, neart cumhdaigh air i gcoinne fuachta,
ina shuí ar chathaoir chistine
os comhair uaighe amach
ag greanadh ainm nua ar leac.
Cloisim mionbhuillí a chasúir ar shiséal
mar a bheadh smólach ag bualadh
blaosc seilide ar chloch.

Smaoiním ortsa, an tslí ina mbeireadh tú greim
ar uillinneacha do chathaoireach féin,
ag tabhairt dúshlán don bhás tú a bhogadh.
Fiú ag d'adhlacadh sa reilig seo,
an uaigh ag méanfach romhat,
ní scaoilfeá leis an saol
ach do dhá shúil ar bior ionat,
sheas tú i measc na gcaointeoirí
ag breathnú ar do bhaintreach
nár ghoil aon deor.
Is féach ort anois ar do ghlúine lem ais
ag uaigh-gharraíodóireacht,
do lián i measc gormbhúnna is samhaircíní.
Nach bhfuilir chun sos a ghlacadh go deo?

OTHER POEMS

DÁNTA EILE

LILITH

Wild cats will meet with wolves there;
and hairy goats will bleat to each other;
the screech owl will settle there
seeking a resting place for herself – Isaiah 34:14

I am the name that cannot be uttered,
I am the unknown presence
that beguiles men,
that laughs every time
a pious Christian has a wet dream,
the infanticide who leaves an empty cradle,
consort, bed companion of Satan.
I am the snakewoman listening in
from the leafy branches of the Tree of Life
to where Adam and Eve lie.

I am Lilith, hag of the night,
Adam's first wife, my narrative erased,
banished to a desert outside Sacred Scripture,
to the company of horned goats and the brutish night
where, they say, I lie with demons,
hundreds of demons spawned by me each day;
the punishment brought on me and me alone
since I refused to toady to my husband
so revenge was theirs.

And God didn't have just one shot at creating woman.
It wasn't clear to him what He wanted
or more to the point what a man might want
but away He went and created Adam and me
at the same time and from the same clay.
That man was without dispute an overbearing fellow
who wasn't pleasing to me
who was at the back of all our discord. Jealous of me,
because God gave me wings I didn't notice at first
they were so light and hidden in gosling down.

LILITH

Casfaidh cait allta le faolchúnna inti;
agus beidh na púcaí ansin ag glaoch ar a chéile;
is inti a rachaidh an chailleach oíche ar ceathrúin
ag lorg suaimhnis di féin – Iseáia 34:14

Is mise an t-ainm neamh-inrásta,
is mise an láithreach aineoil
a chuireann cluain ar fhir,
a gháireann chuile uair a bhíonn
eisil oíche ag Críostaí cráifeach,
naímharfóir a fhágann an cliabhán folamh,
céile, bean leapa is máthair chríonna Shátain,
mé an nathairbhean ag cúléisteacht
ó chraobhacha duilliúracha Chrann na Beatha
faoina luíonn Ádhamh is Éabha.

Is mise Lilith, an chailleach oíche,
céadchéile Ádhaimh, mo scéal scríte amach acu,
díbeartha go díseart lasmuigh den Scríbhinn Dhiaga,
go cuideachta Phúcaí na mBeann is alltacht na hoíche.
Luí agus lé agam le deamhain, dar leo,
na céadta deamhan saolaithe dom gach lá;
é agartha orm agus orm amháin
nó gur dhiúltaíos lútáil dom chéile.
Is as sin a bhain siad díoltas orm.

Is ní aon d'iarraidh amháin a chruthaigh Dia bean.
Ní raibh sé soiléir dó cad a bhí uaidh,
nó níos tabhtachtaí cad a bheadh de dhíth ar an bhfear,
ach ar agaidh leis agus chruthaigh Ádhamh is mise
san am céanna, ón gcré cheannann chéanna.
Boc tiarnúil gan amhras a bhí san fhear sin
Nár chaith é féin go maith liom.
É féin faoi bhun ár n-easaontais go léir. In éad liom
mar thug Dia sciatháin dom nár airigh mé ar dtús
iad chomh héadrom, báite le clúmhach ghoislín.

Days in Eden were tedious, making conversation
with snakes, riding unicorns,
hunting butterflies and birds of paradise, or playing
with tiger cubs; each animal, unlike us,
involved in their own lives.
I was lonely watching my lazy mate
indolence and sloth to the bone, eating and drinking,
in love with his beautiful reflection in pools
and forever claiming that he was made from the best clay,
that I was mere dust and slime.
I said to Adam, *I'm not going to lie beneath you anymore,*
I'm your equal. We were made of the same clay.
And he answered, *I am not going to lie beneath you.*
On top alone will I lie.
There was no appeasement between us,
having got the upper hand he ravished me
and calling by name the unmentionable name Yahweh,
I flew away from him to the highest point of the sky,
like a pursued deer, a heavy gang of angels after me
threatening to drown me in the Red Sea if I didn't return.
But I refused. Nor did I pine with hankering
after the seductive apples of Eden, the whims of a jealous God

fearful that man would steal the keys to knowledge.
The rough tribes outside accepted me,
the farmers, the herdsmen, the women in childbirth
who prayed to me as a goddess to help them
and I filled their hives with honey, the udders of sheep
with milk and flying over the land, I made their fields
sprout with young corn.

Maligned, a scapegoat because I didn't yield to my mate,
I escaped the curse of Eden, the death of the human race.
And will live forever in scaremongering stories,
sermons of the clergy and the spirit of the wind.

Fadálach na laethe in Éidin ag déanamh comhrá
le nathracha, ag marcaíocht ar mhuin aonadharcaigh,
ag fiach féileacán is éan Pharthais nó ag súgradh
le coileáin tíogair; gach ainmhí murab ionann
is muidne, i mbun a ghnó féin.
Bhíos uaigneach, ag faire ar ghiolla na leisce seo a'msa
Falsacht is spadántacht go smior ann, ag ithe, ag ól
ag déanamh ionaidh dá áilleacht i scáthán na linnte
de shíor ag rá go raibh sé cumtha den chré ab fhearr,
nach raibh ionamsa ach deannach is glae.
Dúras le hÁdhamh, *Nílimse chun luí fút a thuilleadh,*
táim cothrom leat. Den chré chéanna a cumadh muid.
Is d'fhreagair sé, *Nílimse chun luí fút. Ar an mbarr amháin a*
    luífeadsa.
Síth ná páirt níor ceanglaíodh eadrainn;
an lámh in uachtar faighte aige, d'éagnaigh sé mé
is ag gairm go hainmnithe ar ainm doluaite Iáivé
d'éalaíos ar mo sciatháin uaidh go buaic na spéire,
mé mar an fia tafnaithe, drong throm aingeal im dhiaidh
ag bagairt bá sa Mhuir Dhearg orm muna bhfillfinn.

Ach níor fhilleas. Ná níor mheathas le cumha
i ndiaidh úlla mealltacha Éidin ná spanga Dé éadmhair,
eagla air go ngoidfeadh an Duine eochair an Fheasa.
Ghlac na treibheanna garbha lasmuigh liom,
na feirmeoirí, na tréadaithe, mná i dtinneas clainne,
a ghuigh chugam, mar bhandia, cabhrú leo
is líonas a gcoirceoga le mil is útha a gcaorach le bainne,
is ar m'eitilt thart, chlúdaíos na goirt le geamhair.

Mallaithe, im cheap milleáin mar nár umhlaíos dom chéile,
d'éalaíos ó mhallacht Éidin, mallacht bhás an chine dhaonna.
Is mairfead choíche i scéal chailleach an uafáis,
i seanmóireacht na cléire is i spiorad na gaoithe.

THE POOLS

I

THE GOLDEN CARP

Today on the sunny aspect of the garden
laid out under trees
and rough-hewn rocks
by the poet *Su Shunqin* in olden times,
I lay my tackle against the pavilion
at the pool's edge
where countless golden carp
dart like flames
through white water-lilies.

Mind and heart beguiled
I could stand here forever
small flurries of wind swaying,
unfurling the bamboos
that fan me with their feathers;
I can sense no danger coming
from the zigzag bridge bends beside me
that flummox the demons
that might devour me.

But gradually I realise
that despite the twists and bends
cold will come at nightfall,
stars on their toes dancing in me,
tossing up mud from my depths
until I cloud with sediment,
not a trace to be found
in the sludge
of my bright golden carp.

NA LINNTE

I

NA CARBÁIN ÓRGA

Inniu ar dheisiúr an ghairdín
leagtha amach faoi chrainn
is faoi charraigeacha gágacha
ag *Sú Shunqin* file, anallód,
ligim mo thaca le pailliún
ar imeall na linne
mar a scinneann carbáin órga
ina ndrithlí thar chuntas
trí dhuilleoga báite bána.

Ciapóga ar mheon is ar chroí,
d'fhéadfainn seasamh anseo go deo
séideoga gaoithe ag lúbadh,
ag spré na mbambúnna amach
a ghaothraíonn lena gcleití mé;
ní baol dom aon chontúirt a theacht
thar fhiarláin an droichid taobh liom
a chuireann mearbhall ar na deamhain
a shlogfadh siar mé.

Ach diaidh ar ndiaidh is eol dom
dá mhéad lúba sna fiarláin,
le luí na hoíche go dtiocfaidh fuacht,
réalta ar a mbarraicíní ag lapadaíl ionam
ag múscailt láibe óm ghrinneall
Go mbeidh lán moirte ionam
is gan a ndath ná a dtuairisc
le fáil sa slodán
ar mo carbháin gheala órga.

II

THE FEAST

Waters endlessly gurgling,
welling, filling the pool,
brimming over with golden carp
sprung from the sparks of Nimrod's fire,
that increase and fatten
on lentils and breadcrumbs
and nobody eats the sacred fish.

I sense echoes of old chanting
celebrating sun and moon,
the green waters stirring still
to the rhythm of priest and carp
swimming together
to an altar at the centre of the pool
and nobody eats the sacred fish.

Under the filtered shade of darkness
the fish weave their golden threads
to a filigree in the waters
and there is no tuft of reeds or fern
to hide the embers of my fire
and the fine specimen of fish
turning on my spit
my teeth sinking fearlessly
into the bright sacred meat.

II

Uiscí de shíor ag plobaranaíl,
ag foinsiú, ag líonadh linne,
ag cur thar maoil le carbáin órga
síolraithe ó splancacha tine Nimrod,
a mhéadaíonn is a ramhraíonn
ar lintilí is grabhóga aráin
is ní itheann éinne na héisc choisricthe.

Airím macallaí seanchantaireachta
ag ceiliúradh gréine is gealaí,
na huiscí glasa ag corrú fós
le rithim sagart is carbán
ag snámh le chéile
go haltóir i lár na linne
is ní itheann éinne na héisc choisricthe.

Faoi scáth scagtha an dorchadais
fíonn snátha óir na n-iasc
i ndualaíocht ag dearnáil uiscí
is níl tor luachra ná raithní
a cheilfidh mo ghríosach thine ó radharc,
agus an ball éisc bhreá á chasadh ar bhior agam,
mo chuid fiacla á sá go neamheaglach
sa bhfeoil gheal choisricthe.

MAGNIFICAT

When will this night end –
this dark world within me –
when – my soul – will day dawn for me?
When will I wake up from being awake?
I don't know. The sun is high
blinding my eyes,
the stars sparkling coldly
are too numerous to count.
The heart beats secretly
beyond the range of hearing.
When will this drama
without a theatre end –
or this theatre without a drama
so that I may go home?
When? How? Where?
Oh cat that stares at me with alive eyes
who hides in the depths of you?
It is He! It is He who is there!
Like Joshua he will subdue the sun
and I will wake up
and it will be day!
My soul, smile in your sleep!
Smile, my soul: our day will come!

MAGNIFICAT
Leagan Gaeilge de dhán le Fernando Pessoa

Cathain a chríochnóidh an oíche seo –
an chruinne dhubh laistigh díom –
cathain – a anam liom – a bheidh mo lá agam?
Cathain a dhúiseod ó bheith im dhúiseacht?
Ní mé. Tá an ghrian os ard
ag baint na súl asam,
na réalta ag spréacharnach go fuar
ag dul ó chomhaireamh orm.
Preabann an croí go rúnmhar
thar raon an gcluas.
Cathain a chríochnóidh an dráma
gan amharclann seo
– nó an amharclann seo gan dráma –
le gur féidir liom filleadh abhaile
Cá háit? Conas? Cathain?
A chait a stánann orm god shúile na beatha
Cé atá folaithe id dhiamhra?
Eisean atá ann! Eisean atá ann!
Nós *Joshua* cuirfidh sé an ghrian
faoi smacht is dúiseod,
is beidh sé ina lá!
A anam, dein miongháire id chodladh!
Dein miongháire, a anam: tiocfaidh ár lá!

TETHER

She remembered how in other springs
when morning breezes fanned her
as if she was a king's concubine,
she ran barefooted
through the garden of youth
to a tree in perfect bloom
where she tethered her god in sunlight
so that he couldn't escape.

In those shining days
she saw the lustre of corn in blade
created for her alone;
what a joy against the sky
an elation of birds in the mellow noon,
the unquenchable laurel candles,
lighting her pleasure
with a flame so quiet
that wrens nested in her hair!

But her god was a bit of a James Bond
who broke the shackles she put on him
and escaped without trace
leaving peevish trees,
mildew on bushes,
birds shrieking warnings to each other
on her approach,
the seasons scattered without distinction
in the murkiness of the years.

When she fled to churches
where they held their God fast
in a golden tabernacle
under lock and key,
she knew he wasn't there,
that he had escaped once again

NASC

In Earraigh eile a cuimhne
nuair a ghaothraigh an mhaidin di
ar chuma mná leapa rí,
rith sí cosnochtaithe
trí ghairdín a hóige
go crann faoi bhláth
mar ar chuir sí a dia
ar teaghrán faoi iomlán gréine
le nach n-imeodh sé.

I loinnir na laethe sin
chonaic sí gileacht geamhair
a gineadh di féin amháin;
nárbh aoibhinn i gcoinne spéire
scleondar éan le buíochan nóna,
coinnle domhúchta an labhrais
ag lasadh a háthais
le lasair chomh ciúin
gur neadaigh dreoilíní ina gruaig.

Ach cineál *James Bond* a bhí sa dia
a bhris na glais a chuir sí air,
is d'éalaigh gan tuairisc
ag fágáil cancair ar chrainn,
caonach liath ar thoir,
éin ag glaoch rabhaidh dá chéile
ar a teacht i láthair,
na séasúir scaoilte gan sonrú
i smúitiúlacht na mblianta.

Ar theitheadh di go heaglaisí
mar ar choinnigh siad a nDia
i ndaingean i dtaibearnacal órga
faoi eochair is ghlas,
b'fheasach di nach raibh sé ann,

from his dark prison,
taking to his heels
in the middle of their prayers.

She was drinking coffee in the kitchen
when she saw him again
looking in at her,
his mouth stained with berries,
wearing summer like a wreath of flowers on him;
she understood then that she was no Radegunda,
that she preferred by far
to keep glass between her
and the infinity of his eyes.

gur chaolaigh sé leis uair eile
óna thaisceadán dorcha
nuair a thug sé a chosa leis
i lár a bpaidreacha.

Bhí sí ag ól caife sa chistin
nuair a chonaic sí arís é
ag breathnú isteach uirthi,
a bhéal daite le sméara,
an samhradh ina bhláthfhleasc air;
thuig sí ansin nárbh aon *Radegunda* í,
go mb'fhearrde go mór di
gloine a choimeád idir í
agus infinideacht a shúl.

MUSEUM

We sift the clay of the world
in search of our beginnings
dig out fragments
from the earth's core
that press the heartlands of memory
until we are like a melodeon
that refuses to yield another note.

Behind glass cases
we see the faces of our ancestors
through a web of fissures
that reveal themselves on pottery vessels
and we are left rooted to the spot
open-mouthed and enrapt
in the suddeness of recognition.

We hunt our speckled panthers
from one museum to the next,
leave sacrifices of goats
for ritual bulls
and squint into the eyes of gods
in the hope they will reach out hands
towards our proffered drinks.

We draw in on mummies
examining their colours
as if they were the same as butterflies
until we come on x-rays
that reveal the pain we ourselves know
under the layers of their binding cloths.

Outside is a day where a beguiling sun
waits for our coming
and a million birds sing for us

MÚSAEM

Criathraímid cré an domhain
ar thóir lorg ár dtúis
ag tochailt amach smionagair
as crioslach na talún
ag fáisceadh chroíthailte ár gcuimhní
go mbímid mar mhileoidean
nach ngéillfidh nóta sa bhreis.

Laistiar de thaisceadán gloine
chímid aghaidheanna ár sinsir
faoi ghréasáin ghág
ag éirí aníos ó shoithí cré,
is fágtar inár staic sinn
clab go cluasa orainn
tarraingthe isteach i ngaiste
aitheantais a phreabann orainn.

Seilgímid ár bpantair bhreaca
ó cheann ceann gach músaeim
fágaimid íobairt ár ngabhar
roimh thairbh dheasghnácha
is gliúcaimid i súile na ndéithe
i ndúil go sínfidh siad a lámha
chun ár ndeochanna ofrála.

Druidimid isteach ar sheargáin
ag scrúdú a ndathanna
amhail is dá mba mhar a chéile
iad is féileacáin
go dtagaimid ar x-ghathanna
a nochtaíonn ár bpian féin
faoi thriopall a mbindealán.

Lasmuigh tá lá le meall na gréine
ag faire ar ár dteacht,

in mountain groves
but we are in thrall to fragments
and our summer shatters
to smithereens that slope
away from us.

is na milliúin éan ag canadh
i bhfáschoill sléibhe dúinn
ach táimid ligthe le brínleach,
is scoilteann ár samhradh
ina smidiríní a thiteann
le fána uainn.

The Gigabytes

Overhead, I see a new tower of Babel
layer on layer piled with gigabytes
as thick as the sands on the shore
rise up, stretching towards the sun
in the blue vault of the sky.

They elbow out
stars and constellations
that spin away in fear of them
whirling through the firmament
imploding finally
on their own icy hearts.

They are our new accounting angels
that register our eternal talk,
our need to keep in touch with texts,
photos, empty talk
from mobile to mobile,
e-mail from computer to computer.

See how our words shine
from the eternal heaven of cyberspace,
how the gods of Talk-Talk
look down on us gently
on Facebook, Twitter and Blogspot
chatting and telling our secrets
to the world and his wife.

Watching the tsunami of our pretentious talk
swelling in an intergalactic wind
I'm as enthralled as Galileo was once,
his telescope directed on Jupiter
examining the orbit of its moons around it,
I'm lost in our loves, our losses
drowned in our fears, anxieties our petty thoughts.

NA *GIGABYTES*

Lasnairde, chím Túr Baibéil nua
ciseal ar chiseal carnáilte le *gigabytes*
chomh dlúth le gaineamh na trá
ag éirí aníos, ag druidim leis an ngréin
i ngormbhuaic na spéire.

Tugann siad an uillinn
do réaltáin is réaltbhuíonta
a theitheann, sceoin is eagla orthu
ar bóróiricín trí ghlinnte an aeir
ag inphléascadh sa deireadh
ar a gcroíthe rúnda oighreata féin.

Nua-aingil ár gcuntais iad,
a chláraíonn ár síorchaint,
ár ngéarghá caidreamh
a choimeád ar bun le téacsanna,
grianghraif, gliogaireacht chainte
ó fhón póca go fón póca,
ríomhphoist ó ríomhaire go ríomhaire.

Féach mar a lonraíonn ár mbriathra
ón neamh mharthanach san *cyberspace*,
mar a bhreathnaíonn déithe *Talk-Talk*
anuas orainn go caoin is muid
ar *Facebook*, *Twitter* is Blag
ag cabaireacht is ag ligint ár rún
leis an domhan is Tadhg an mhargaidh.

Ag faire dom ar tsunami ár ngalamaisíocht chainte
ag frithbhualadh i ngaoth idir-réaltach
táim chomh meallta is a bhí *Galileo* tráth,
a theileascóp dírithe ar Iúpatar,
ag grinniú ar chúrsa rince a ngealach thairis,

This is a memorial to the folly of our times,
the virtual world directed
by millions of virtual friends who look down
mercilessly from the abode of the gigabytes.

táim sáite inár ngráite, ár gcaillteanais,
báite inár bhfaitís, ár mionsmaointe uilig.
Seo comhartha chuimhne ó bhaois ár linne,
an domhan samhalta á stiúradh
ag na milliúin cara samhalta a bhreathnaíonn
gan trócaire orainn ó áras na n*gigabytes*.

THE BLACK WIDOWS

The Black Widows are on the road again
on a foray through the darkness,
bike after bike I hear them
swerve into the corner,
their revving engines gashing the night.

Surging past under an arc of stars,
they catapult themselves against the world
piercing the dreams of sleepy children;
masters and lords of the land
the Black Widows hold sway!

They are the new gods that stalk the country
helmeted, in protective black leather,
the light of the moon on their goggles,
as bike after bike I hear them
until their engine-roar wanes far away.

Na Baintreacha Dubha

Tugtar 'The Black Widows' ar lucht na ngluaisrothar i mbaile Cheatharlaigh

Tá na Baintreacha Dubha ar an mbóthar arís
ar eachtra dóibh sa dorchadas,
rothar i ndiaidh rothair cloisim iad
ag luí isteach le cúinne,
brostú a n-inneall ag réabadh na hoíche.

Scinneann siad thart faoi stua na réaltaí
á ngreadadh féin i gcoinne an domhain
ag polladh bhrionglóidí na bpáistí codlatacha;
máistrí is smachtaitheoirí na talún
tá na Baintreacha Dubha i réim!

Nuadhéithe iad ag marcaíocht na tíre
faoi chlogad is chumhdach dhubh leathair,
loinnir ghealaí ar a spéaclaí cosanta.
Rothar i ndiaidh rothair cloisim iad
go meathann a ngoldaracht i bhfad uaim.

COVERTURE

Out under the wetlands, the squelchy places
where the grasshopper and sundew plant
find sanctuary, sleeps a secret geography;
landscapes long lost to sight;
boundary hedges, remote confines;
habitations, possessions and bones of our ancestors;
the meadows grazed by their cattle, sheep and goats;
their seeds of barley, wheat and grass
inert under old headlands.

Beside me, buried under your bright skin
sleeps another secret geography –
stony river beds, wild shores, black recesses
where sooner or later you escape me.
Beside me concealed by your bright skin,
lies a soulscape I would rather not imagine
where drills sprout old seeds
whose harvest I would prefer not to gather.

CEILTEANAS

Amuigh faoi na lábáin, faoi na plobáin
mar a bhfaigheann an dreoilín teaspaigh
is an drúchtán móna dídean
codlaíonn seandachtaí rúnda:
tírdhreacha imithe ar ceal orainn;
claíocha críche is teorainneacha cianda;
áitribh, torchairí is cnámha ár sinsir;
na cluainte a bhíodh á n-ingilt
ag caoirigh, eallaigh is gabhair;
síolta eornan is cruithneachtan is féir.

Láimh liom, adhlactha fád ghealchraiceann
codlaíonn seandachtaí ganfhiosacha eile –
cladráin is feoráin is diamhraí dubha
mar a dtéann tú sa bhfraoch ar luas nó ar mire;
láimh liom faoi fhuanbhrat do ghealchraicinn
luíonn anamdhreach nárbh éigean dom a shamhlú
iomairí as a bpéacann na seansíolta
nár mhian liom a mbarra a bhaint.

REQUIEM FOR AN ABANDONED FACTORY

From the attic, wasps and flies
in the drone of death against the window pane,
I look at the great silos across the way
under an overcast summer sky,
the last stand of the sugar store
a wayside bramble between us,
and the bare bones of the skeleton behind
where the demolishers' machine crushers
crunch and grind to fragments
the concrete retaining walls.

I don't hear as much as an echo
of the factory hooter that used to call
the hundreds of shift workers towards her,
there isn't even a ghost of the steam that rose from her
like a demoniacal genie to the clouds
and she like an ocean liner
in one great blaze of light
voyaging the currents of night.

Come winter and hoar frost on the ground,
the brimming Barrow will flow past
the site deserted and levelled
ready for the builders' hotels
offices, housing and a shopping mall.

It is a time of shadows, memories and drowned stories,
a time of the dead, nothing alive
but the lament of birds from the mudfields.

ÉAGNAIRC DO MHONARCHA THRÉIGTHE

San áiléar dom, foichí is cuileoga
i gcoinne gloine i ndordán an bháis,
fairim ar na sadhlanna móra thall
faoi spéir smúitiúil an tsamhraidh,
ar sheasamh deireanach an stórais siúcra
ina dhris chosáin anois idir muidne
is cnámha loma na gcreatlach laistiar
mar a mbascann innealra meilte
na dtreascróirí go brus bruair
coincréit na mballaí cuibhrithe.

Ní chloisim oiread is macalla
den fheadóg monarchan a ghlaodh
na céadta ar uainíocht oibre chuici;
níl taibhse ann den ghal ag éirí aisti
mar ghinid ghlinne go néalta
is í mar a bheadh línéar farraige
in aon bharr amháin solais
ag seoladh feachtaí na hoíche.

Teacht an gheimhridh, glasreo ar talamh,
snámhfaidh an Bhearú go lánbhruach thart
ar shuíomh bánaithe, leacaithe,
réidh do na foirgneoirí gona n-óstáin
a n-oifigí, a dtithe, a meall siopadóireachta.

Aimsir scaileanna é, cuimhní is scéalta báite,
aimsir na marbh is gan de bheo
ach éin ag éagnach ó na murlaigh láibe.

PORTENT

Skeins of geese fly south.
A bite in the wind. Another autumn come.
Beet lorries on the road,
steam from the sugar factory
and me ankle deep in leaves.

I have just banished portents
I never sought or pursued in my life.
It is hard to fathom how they come through.
Are they giving me a warning
of death or bad weather.

Whether we like it or not,
the old gods are with us still.
Don't be deluded about that.
They were merely taken down a peg or two
when driven out of the house.

They leave feathers like runic writing
on the thresholds of our doors.
Theirs are the gimlet eyes in the water
at the bottom of the clais, the snatch of song
that lies uneasily on the edge of hearing.

My threshold now snatched back and scrubbed clean,
feathers of the gods released to the winds
I pretend I don't recognise their calling cards,
the loneliness of their camouflage and concealment
with nobody to soft-soap them
not even a whiff of incense to honour them.

TUARTHA

Scuainte géanna ag eitilt ó dheas.
Gomh sa ghaoth. Fómhar eile tagtha.
Leoraithe biatais ar an mbóthar,
gal ag pléascadh ón monarcha siúcra
Is mise go béal na mbróg i nduilleoga.

Táim théis an ruaig a chur ar thaispeántaí
nár iarras is nár lorgaíos riamh im shaol.
ní thuigim an dóigh ina dtagann siad fríd
nó an bhfuil siad ag tabhairt foláirimh
faoi bhás nó faoi dhrochaimsir dom.

Pé acu is maith linn é nó nach maith,
tá na seandéithe linn fós. Ná codail
ar an gcluas sin go bhfuilid imithe.
Níor tugadh ach céim síos dóibh nuair
a cuireadh ar dhroim an bhealaigh mhóir iad.

Fágann siad cleití ar cuma scríbhinn rúnach iad
ar thairseach an dorais romhainn.
is leo siúd na súile bíomlógacha
ag bun uisce na claise; an binsín ceoil
a luíonn go corrach ar imeall na cluinstine.

An tairseach sciobtha scuabtha agam anois
cleití na ndéithe scaoilte le gaoth,
ligim orm nach n-aithním a gcártaí cuairte,
uaigneas a gceileatraim is a bhfolachais
gan neach chun béal bán a dhéanamh leo,
gan oiread is bréid túise á n-onórú.

The Cave of Pileta

The guide's oil lamp
lights my journey's way
to the womb of the cave.
I crouch down low
groping the bumps
on the side of the narrow passage
between stalactites and rock.

I marvel at the confusion of bones –
animal and human jumbled together –
the charcoal drawings
on the walls, the giant fish,
the wild long-horned goat,
the ochre-coloured mare in foal;
I study signs and symbols I can't make out;
each fine line with its own power, a magic
lost long ago in time's labyrinth.

I never intended
to disturb the sheltering place
of the bats that pour out
in thousands from gaps and rock clefts
nor did I intend to disrupt the old gods
in their Lethean sleep for aeons,
whispering to me now in ancient syllables
beyond my range of hearing.

I sense their malice towards me
that I am the sacrifice to their resurrection
and suddenly, I am swimming
between two streams, old moons
long quenched, waning again
expiring in vague forms around me
and I am like a jellyfish riding the last tide

CUEVA DE LA PILETA

Lampa ola an treoraí
ag lasadh shlí m'oilithre
go broinn na huaimhe,
cuirim gúnga orm féin,
ag méarnáil na mealltracha
ar shleasa na gcaolbhealaí
idir aolchuisne is carraig.

Deinim iontas den charn cnámh –
ainmhí is an duine measctha ar a chéile –
deinim iontas den líníocht ghualaigh
ar na fallaí, den iasc ollmhór,
den ghabhar fiáin spearbhail d'adharcach,
den láir searraigh daite le hócar;
iniúchaim comharthaí is siombail
nach feasach dom; chuile chaol-líne
lena cumacht féin, a draíocht
caillte le fada i lúbra ama.

Ní raibh sé im intinn riamh
coiscriú a chur faoi ionad dídine
na sciatháin leathair a phulcann
ina mílte as bearnaí is scailpeanna
ceann na huaimhe ar mo theacht,
ná ní raibh sé im intinn
coiscriú a chur faoi na seandéithe
ina dtámhshuan anseo leis na cianta,
iad ag cluasaíocht liom anois i siollaí ársa
thar raon mo chluinstine.

Braithim nach bhfuil dea-intinn acu dom,
gur mise íobartach a n-aiséirí,
is i mbéal na séibe, táim ag snámh
idir dhá shruth, gealacha seanda

of my life to a stony shore
where my glassy disk will melt
out of sight on the water's edge.

i bhfad múchta, ag síothlú athuair
go doiléir tharm, is táim
mar a bheadh smugairle róin
ar bharra thaoide deireanach
mo shaoil go dtí an duirling
mar a leáfaidh mo theasc ghloiniúil
as radharc i gcolbha an uisce.

DANCE IN INDIA

And it happened all in one day
that the dance never stopped from dawn to dusk:
snakes charmed by *poongi* music
gyrating rhythmically from their jars,
the road filled with elephant trunks –
bells swinging in unison –
mangy *lamé*-clad monkeys
dancing in front of a street organ-grinder,
chained bears cavorting
for tourist's rupees.

And it happened in *Fatehpur Sikri*,
abandoned for centuries,
that the living chess-pieces are recalled,
their bodies silk-clad in rainbow colours,
the emperor's slaves dancing
from square to square on a chess-board
and from an island in the middle of the lake
under the sparkle of stars
I hear the blind sitar player singing a dirge
on the fire of the pain behind the dance.

DAMHSA SAN IND

Agus tharla in aon lá amháin
nár stad an damhsa ó ghrian go dubh:
nathracha faoi chluain ag ceol *poongi*,
ag rothlú go rithimeach as a bprócaí,
an ród líonta le truncaí eilifintí –
luascadáin chlog ar chomhbhuille –
moncaithe clamhacha faoi *lamé* airgid
ag damhsa os comhair orgánaí sráide,
mathúna cuibhrithe i bpocléimeanna
ar mhaithe le rúipithe na dturasóirí.

Agus tharla i *Fatehpur Sikri*,
bánaithe anois leis na cianta,
go meabhraítear na ceithearnaigh bheo,
a gcoirp faoi shíoda ar dhath an bhogha cheatha,
daoirsinigh an impire ag damhsa
ó chearnóg go cearnóg ar bhord fichille
is ó oileán i lár locha faoi dhrithliú réaltaí,
cloisim ceoltóir dall *sitar* ag canadh goltraí –
freangaí na péine laistiar den damhsa.

SEIZE THE NIGHT
Alas, Postume, Postume, the fleeting years glide on …
– Horace, Ode 2.14

There is no escape from our mortality,
all those castles and houses in ruins
constantly staring at the living
through blindfolds of ivy or lichen on stone;
cities of the dead watching us
from the slopes of hills;
tracks of our ancestors crushed in the sod under us.

And in the final days of this year
in the semi-gloom after the winter solstice,
the dream of spring budding in our bones,
when the forest floor will green
with wild garlic and bluebells sprouting,
isn't it well known that it is natural
for the wild flowers themselves
to cover summer meadows
for a month or two before withering
without a trace of their stalks to remember them.

And so, my love, cast aside your gloom,
we will draw the curtains against the night.
Pull up to the fire with me.
There is a late meal in the pot, wine in our glasses
and we will delay our sprint through this life
in comfort and pleasure, for upon my word
I'm not ready to part with the revelry yet.

CARPE NOCEM
Eheu fugaces, Postume, Postume labuntur anni ...
– Hórás, Óid 2.14

Níl éalú ann ónár mortlaíocht
an oiread sin caisleán is tithe ina bhfothracha
ag stánadh de shíor ar na beo
trí phúicíní eidhneáin nó duileascar cloch;
cathracha na marbh ag faire orainn
ó leicne cnoc; loirg ár sinsir brúite fúinn faoin bhfód.

Is i laethe deiridh na bliana seo,
sa leathdhorcadas théis ghrianstad an gheimhridh,
aisling an earraigh ag péacadh inár gcnámha,
nuair a raghaidh urlár na foraoise i nglaise
le creamh is cloigíní gorma ag dul i mbuinne,
nach maith is eol gur dual
do na bláthanna fiáine féin
móinfhéir an tsamhraidh a dhathú
feadh míosa nó dhó sula bhfeonn
gan loirg a ngas mar chuimhne orthu fiú.

Mar sin, a stór, cuir uait an ghruaim,
tarraingeoimid na cuirtíní i gcoinne na hoíche.
Druid isteach le hais na tine liom.
Tá scroid airneáin sa phota, fíon inár ngloiní
is cuirfimid moill ar ár ruaill tríd an saol seo
le só agus aoibhneas, mar gheallaimse dhuit
Nach bhfuilim chun scarúint leis na pléaraca go fóill.

DEIRDRE BRENNAN is a bilingual writer of poetry, short stories and drama and translation. Born in Dublin, she studied English and Latin at UCD followed by a H.Dip. in Education. She has published eleven collections of poetry to date: *I Reilig na mBan Rialta* (Coiscéim, 1984), *Scothanna Geala* (Coiscéim, 1989), a *Poetry Ireland* 'Choice of the Year', *Thar Cholbha na Mara* (Coiscéim, 1993), *Ag Mealladh Réalta* (Coiscéim, 2000), an Oireachtas prizewinner, *The Hen Party* (Lapwing, 2001), *Beneath Castles of White Sail* (*Divas*, Arlen House, 2003), *Swimming with Pelicans* and *Ag Eitilt fara Condair* (Arlen House, 2007), *Hidden Places* and *Scáthán Eile* (Arlen House, 2011) and *As Trunc Fernando Pessoa, rogha dánta ó Fernando Passoa* (Coiscéim, 2015). Her short stories appear in *The Irish Times, Passages, Anois, Comhar, Feasta, Lá* and *Foinse* and have featured on RTÉ Radio 1, as did a six-part drama series, *Go to Blazes*. Her collections of short fiction were published as *An Banana Bean Sí agus Scéalta Eile* (Coiscéim, 2009) and *Staying Thin for Daddy* (Arlen House, 2014). A founder member of Éigse Carlow Arts Festival in 1978, Deirdre was Chair and Secretary during its early years, and she was also a founder member of Comhaltas Ceoltóirí in Carlow, serving as Chair and Secretary.

Is scríbhneoir dátheangach í DEIRDRE BRENNAN. I measc an tsaothair óna peann tá filíocht, gearrscéalta, aistriúcháin agus drámaí. Rugadh i mBaile Átha Cliath í agus bhain sí céim amach sa Bhéarla agus sa Laidin i UCD agus ina dhiaidh sin, an tArd Teastas san Oideachas. Tá aon chnuasach déag filíochta foilsithe aici go dtí seo: *I Reilig na mBan Rialta* (Coiscéim, 1984), *Scothanna Geala* (Coiscéim, 1989), 'Rogha Éigse Éireann' na bliana sin, *Thar Cholbha na Mara* (Coiscéim 1993), *Ag Mealladh Réalta* (Coiscéim, 2000), a fuair duais san Oireachtas, *The Hen Party* (Lapwing, 2001), *Beneath Castles of White Sail* (*Divas*, Arlen House, 2003), *Swimming with Pelicans* agus *Ag Eitilt fara Condair* (Arlen House, 2007), *Hidden Places* agus *Scáthán Eile* (Arlen House, 2011) agus *As Trunc Fernando Pessoa, rogha dánta ó Fernando Passoa* (Coiscéim, 2015). Tá a gearrscéalta curtha i gcló ag *The Irish Times, Passages, Anois, Comhar, Feasta, Lá* agus *Foinse* agus craoladh iad ar RTÉ Raidió 1 chomh maith le sraith drámaí, *Go to Blazes*. Tá cnuasach dá gearrscéalta *An Banana Bean Sí agus Scéalta Eile* foilsithe ag Coiscéim agus *Staying Thin for Daddy* (Arlen House, 2014). Ball den choiste a bhunaigh an fhéile ealaíne, Éigse Cheatharlach i 1978, bhí Deirdre ina rúnaí agus ina cathaoirleach ar feadh roinnt de bhlianta agus is duine de bhunaitheoirí Chomhaltas Ceoltóirí i gCeatharlach í chomh maith is í ag freastal mar chathaoirleach agus rúnaí.

I Reilig na mBan Rialta (Coiscéim, 1984)
Scothanna Geala (Coiscéim, 1989)
Thar Cholbha na Mara (Coiscéim 1993)
Ag Mealladh Réalta (Coiscéim, 2000)
The Hen Party (Lapwing, 2001)
Beneath Castles of White Sail (*Divas*, Arlen House, 2003)
Swimming with Pelicans &
Ag Eitilt fara Condair (Arlen House, 2007)
Hidden Places & *Scáthán Eile* (Arlen House, 2011)
As Trunc Fernando Pessoa, rogha dánta ó Fernando Passoa
(Coiscéim, 2015)